내 영혼을
다독이는
관계 심리학

내 영혼을
다독이는
관계 심리학

펴낸날 2022년 1월 5일 1판 1쇄

지은이 우즈훙
옮긴이 박나영
펴낸이 강유균
편집위원 이라야 남은영
기획·홍보 김아름 김혜림
교정·교열 이교숙 정아영
경영지원 이안순
디자인 바이텍스트
마케팅 신용천

펴낸곳 리드리드출판(주)
출판등록 1978년 5월 15일(제 13-19호)
주소 경기도 고양시 일산서구 고양대로632번길 60, 207호(일산동, 대우이안)
전화 (02)719-1424
팩스 (02)719-1404
이메일 gangibook@naver.com
홈페이지 www.readlead.kr
포스트 https://post.naver.com/gangibook

ISBN 978-89-7277-856-6 (03320)

* 잘못된 책은 바꾸어 드립니다.
* 책값은 뒤표지에 있습니다.

언제까지 계속되는 불행은 없다. 가만히 견디고 참든지
용기를 내쫓아버리든지 둘 중의 한 가지 방법을 택해야 한다.

로맹 롤랑

사랑한다는 것은 관심을 갖는 것이고 존중하는 것이다.
사랑한다는 것은 책임감을 느끼는 것이며 이해하는 것이고,
사랑한다는 것은 주는 것이다.

에리히 프롬

얻고 싶은 것을 가졌거든 그것을 얻는 데 바친 노력만큼 그대도 노력하라.
이 세상 모든 물건은 대가없이 얻을 수 없다. 남이 노력해서 얻은 것을
그대는 어찌 팔짱을 끼고 바라보고 있는가?

힐티

행복의 원칙은 첫째 어떤 일을 할 것,
둘째 어떤 사람을 사랑할 것, 셋째 어떤 일에 희망을 갖는 것이다.
칸트

내 안의 나와
터놓고 대화하기

내 영혼을 다독이는 관계 심리학

나르시시즘과 외로움

우즈훙 지음 | 박나영 옮김

리드리드출판

prologue

자신에게 나르시시즘을 허하라

물에 비친 자신의 모습에 반한 적이 있는가? 거울에 비친 자기 모습이 멋지다고 생각했거나 감탄사를 뱉어낸 것도 포함해 보자. 장담할 수 없지만 누구나 한 번쯤 해보았을 것이다. 어느 날 문득 자신이 괜찮아 보일 때가 있는 법이니 말이다.

그리스 신화에 나오는 나르키소스는 물에 비친 자신의 모습에 반하지만 사랑을 얻지 못해 목숨을 잃게 된다. 그 후 미소년 나르키소스는 자신과 같은 이름의 꽃인 수선화水仙花가 된다. 독일의 정신과 의사 네케는 1899년 자기애가 넘친 나르키소스를 연상해 '나르시시즘'이라는 단어를 만들었다. '나르시시즘'은 자신의 육체를 이성을 대하듯 하고 스스로 애무함으로써 쾌감을 느끼는 것을 말한다. 예컨대 거울 앞에 오랫동안 서서 자신의 얼굴이 아름답다고 생각하며 황홀한 시선으로 바라보는 것도 일종의 나르시시즘이다.

여기에 당신은 눈이 휘둥그레져 소리 지를지 모른다. "나는 절대 나르시시즘이 아니라고요!" 이 반응은 어쩌면 지극히 당연하다. 나르시시즘에 대한 부정적인 생각이 크기 때문이다. 왜 아니겠는가. 정신분석학자 프로이트는 자기의 육체, 자아, 자기의 정신적 특징이 리비도의 대상이 되는 것이라고 말했다. 즉 자기 자신에게 리비도가 쏠려 있는 상태이기에 자기 자신이 관심의 대상이 되는 자아도취형 인간이 나르시시즘이라는 말이다. 이에 우리는 나르시시즘에 부정적인 선입견이 있다.

이제는 나르시시즘을 정신분석학에서 벗어나 자신과 사랑, 관계, 일상의 측면에서 다시 생각해봐야 한다. 자기 내면에 잠재된 나르시시즘 수준이 발현되는 정도에 따라 사랑의 온도가 변화하고 관계의 유착 정도가 달라지기 때문이다. 또한 일상의 감정도 좌우되는데 이는 자신이 맡은 일이나 성과에 큰 영향을 미치기도 한다. 어쩌면 자신의 성패를 나르시시즘이 쥐고 있다고 해도 과언이 아니다.

높은 수준의 나르시시즘을 지닌 사람은 자신이 훌륭하다는 생각에 늘 열정이 넘친다. 낮은 수준의 나르시시즘에 놓인 사람은 자신이 부족하다는 생각에 자신감이 없고 더한 경우 수치심까지 느끼게 된다. 따라서 본능적으로 사람들은 높은 나르시시즘의 상태를 지향하려 한다. 그러나 세상은 매우 복잡하다. 우리는 다양한 인간관계 속에서 치열한 경쟁을 겪으며 자신을 낮춰야 할 때가 있고, 좌절과 실패를 감당할 능력을 키워야 할 때가 있다. 이를 위해서 우리는 나르시시즘을 조절할 필요가 있다. 높은 수준의 나르시시즘을 추구해야 할 뿐만 아니라, 높고 낮게 이동할 수 있는 능력을 키워 어떤 상황에서도 유연하게 처신할 수 있어야 한다.

외로움도 나르시시즘에서 유발된다. 사회나 가족과의 관계에서 오는 외로움은 피할 수 없다. 아무리 활발한 사회활동을 하고 주변에 많은 친구가 있어도 외로움은 찾아온다.

외로움은 세상의 구석진 곳에 남겨져 있다는 상태를 말하지만 나르시시즘의 높낮이에 따라 혹은 나르시시즘의 손상에 따라 이 외로움의 영향력이 달라진다. 외부 현실 세계의 잔인함에 적응하지 못해 자신을 패배자로 생각하기도 하고, 좌절감과 실패감을 피하기 위해 다시 내면세계로 회귀하는 등 여러 형태로 나타난다. 내면세계는 자신의 공간이며, 자기가 하고 싶은 것은 뭐든 할 수 있기에 스스로 외로움에 고립되기도 한다. 또한 외로움은 우울한 감정을 동반하기에 쉽게 치유되지도 않는다. 만약 자신이 사교성이 떨어져 사회생활에 적응하지 못하고 주변 사람들과의 관계에서도 고립되어 있다고 느낀다면 지금부터는 외로움에 대항해 겨뤄보는 것도 좋다.

이 책에는 나르시시즘과 외로움의 상태를 진단하고 나아가야 할 방향이 제시되어 있다. 혼자서 고민하고 어느 누군가에게도 말하지 못해 전전긍긍했던 문제를 함께 고민하고 해결법을 찾도록 집필했다. 특히 신경 쓴 부분은 공감이다. 나르시시즘과 외로움에 대한 고민은 혼자만의 문제가 아니기에 위로와 다독임을 전하고 싶었다. 더불어 사는 세상에서 혼자 분투하는 모든 이들이 혼자 힘들어하지 않았으면 하는 바람이다.

차례

나르시시즘 VS 관계

나르시시즘 VS 일상

PART 02

내 안의 외로움

나 더하기 외로움

관계 더하기 외로움

가족 더하기 외로움

사랑 더하기 외로움

시간의 걸음걸이에는 세 가지가 있다. 미래는 주저하면서 다가오고,
현재는 화살처럼 날아가고, 과거는 영원히 정지하고 있다.

실러

PART 1

내 안의 나르시시즘

✧

나르시시즘은 경쟁 사회에서 자신을 지키는 힘이다. 사회에서 상대적 관점으로 자신을 바라보면 부족한 능력이나 허점의 구멍이 커 보이는데 이에 대처하는 두 가지 방법이 있다. 하나는 자신을 아낌없이 보듬고 보호하기 위해 자기애에 푹 빠지는 나르시시즘이고, 다른 하나는 자신을 있는 그대로 바라보며 자존감을 지키고 발전시키는 나르시시즘이다.

자신을 보호하려는 나르시시즘이 강해지면 부정적인 감정이 양산된다. 이로 인해 사회활동에 어려움을 겪고 단절과 고립된 상황을 부른다. 반면, 자신의 부족한 부분까지 인정하는 나르시시즘은 실행력과 적극성을 부여해 주위의 인정과 사랑을 끌어내기도 한다. 위기를 극복하고 절망을 이겨내는 유용함도 나르시시즘에서 나온다. 나르시시즘에는 마력이 있다.

나르시시즘 VS 사랑

자기애는 자신의 사고와 관념에 상대를 끌어들이려 한다. 반면 사랑은 상대의 사고와 행동을 이해하고 통합하려는 마음이다. 진정한 사랑은 두 사람이 각자 자신의 체계에서 걸어 나와 서로 만났을 때 이루어진다.

나르시시즘이
인생을 디자인한다

나르시시즘narcissism은 4단계로 나뉜다. 첫째, 건강한 자기애로 '자신감'이다. 활력을 얻고 스스로 성장할 에너지를 가지고 있다. 둘째는 '오만함'이다. 자신감을 넘어선 단계로 독선과 아집을 부른다. 셋째는 자기 유약함을 감히 건드리지 못하는 '의심병'이다. 항상 자기 몸과 마음이 약하며 병들어 있다고 생각한다. 넷째는 주관적인 신념이 강해지는 '망상'이다. 현실적인 근거를 무시하고 자기가 세상에서 가장 중요하며 그 역할을 담당하고 있다고 여긴다. 정신과에 자신을 '신'이라고 생각하는 사람들이 많은 이유도 이 때문이다.

심리학자 하인츠 코헛Heinz Kohut은 나르시시즘의 4단계 분류

법을 주장하며 자기애의 초석은 모성애에서 비롯되고, 아이에게 충분한 사랑을 전하면 건강한 자기애가 형성된다고 했다. 자신을 사랑하는 마음과 타인을 사랑하는 마음이 균형을 이루어 발전한다는 것이다. 마음속에 사랑이 없으면 완벽을 지나치게 요구하고 자기애만 추구한다. 그러나 사회활동에서는 지나친 자기애보다 자아 효능감(자신이 할 수 있다고 느끼는 독립적인 자존감)이 더 중요하다.

자아는 '나는 괜찮은 사람이다'라는 느낌에 기초하고 있다. 자신이 괜찮은 사람이라는 외부, 내부 정보를 모으고 타당한 근거가 마련되면 자연스럽게 나르시시즘으로 발전한다. 이런 자기애는 생각과 행동의 구심력이 되어 말투와 행동, 주장의 표현 강도, 자기 확신의 토대가 되는 것이다. 그런데 주변의 인정이나 사회적 관심이 집중되면 자칫 나르시시즘의 두 번째 단계로 넘어간다. 오만함에 독선과 아집이 생기는 것이다. 그로 인해 주위 사람들이 떠나고 지탄받는다.

자기애와 더불어 중요한 것이 통제감이다. 자신을 통제할 수 있는 정보와 자아를 결합하고 이에 맞춰 말과 행동을 자제하고 조심하는 것이다. 이때 통제할 수 없는 것은 자신에게서 분리되도록 유도해야 한다. 예를 들어 자신이 아는 문제나 전문적 요소에서는 거침없이 자기주장을 내세우고 모르는 분야나 까다롭고 나중에 문제가 될 부분에서는 한발 물러서는 것이다. 당연한 이치 같지만 여기에는 자신을 보호하려는 심리가 깔려 있다. '나는 괜찮은 사람이다'라는 근거가 충분히 모이면 핵심 자아가 확립된다. 그로 인해 일이 어떻게 진행되든 상황을 통제할 수 있다. 여기서 얻은 자신감으로 자신을 신뢰하게 되고 자아가 건강하게 성장하는 계기가 마련된다.

타인의 비판을 받아들이지 못하는 사람은 '나는 괜찮은 사람이다'라는 기본적인 나르시시즘이 형성되지 않은 경우이다. '나는 부족한 사람이다'라는 내면의 메시지가 자아를 산산조각낼 수 있기에 타인의 비판을 수용하지 못하고 지적에 예민해지는 것이다. 상대의 말 한마디에 수렁에 빠지는 것처럼 자신감을 잃고 의지를 잃으며 의욕을 상실한다. 그로 인해 자아가 지탱해내지 못한다.

유아의 심리에서 파괴적이고 재미있는 요소는 편집이나 극단적인 심리가 아니라 '전능한 나르시시즘'이다. 자신이 모든 것을 할 수 있다고 믿는 심리를 말한다. 자기가 원하기만 하면 세상(사실은 엄마나 다른 양육자)이 자신의 뜻에 따라 모든 게 움직이는 시기이므로 이런 생각에 빠지는 것은 당연하다. 흥미로운 점은 아이가 성장하면서 '나는 전능하지 않다'라고 받아들이려면 유아기에 이런 전능한 나르시시즘이 상당히 충족되어야 한다는 것이다.

전능한 나르시시즘은 완벽한 나르시시즘과 의지형 나르시시즘으로 나뉜다. 자신이 완벽하다고 생각하는 심리와 자신의 의지는 반드시 실현되어야 한다는 두 개의 방향이다. 완벽한 자기애는 인간관계에서 발생한 모든 문제의 원인은 상대방에게 있다고 생각한다. 실패와 갈등의 요인도 상대가 유발했다고 본다. 자신은 잘못이 없으니 책임도 없다는 생각이다. 인간관계에 이보다 더 직접적인 파괴력을 지닌 심리 유형은 의지형 나르시시즘이다. 상대방이 자신에게 복종하고 자기 의지대로 움직이기를 원하면서 상대가 자신이 원하는 대로 행동하지 않으면 감정이 격해지고 상대방을 자기 의지에 맞춰 통제한다.

유아기에 형성된 전능한 나르시시즘은 한 사람의 성격에 깊은 영향을 미친다. 자신의 요구에 따른 양육자의 반응이나 결과로 자기 생각과 행동을 결정하기 때문이다. 수용이냐 반감이냐를 택하고 양보와 고집을 선택한다. 반복되는 일상에서 생각의 습관이 자신의 성격으로 고착되는 것이다. 하지만 자신이 전능하다고 믿었는데 자신이 아무것도 아니라는 사실을 알게 되거나 이겨낼 수 없는 상황에 직면하면 스스로 깊은 수치심을 느낀다. 전능한 자기애에 타격받고 엄청난 무력감을 초래한다. 전능감이 강할수록 그 영향도 강해져 반발과 저항이 극심하게 표출되며 나르시시즘의 손상은 강한 공격성으로 이어진다.

반대로 현실에서 오는 좌절을 피해 혼자만 존재하는 세상으로 들어가 여전히 자신은 전능한 신이라는 환상을 가지기도 한다. 이들은 무력감의 공격을 받고 자신이 원하는 대로 행동하는 사람은 나와 한몸이며, 나의 뜻을 어긴 사람은 적으로 본다. 그들이 나를 거절하고 공격하며 무너뜨리려 한다고 단정 짓고 더 깊은 무력감으로 파고든다. 물론 무력감이 인간관계에 큰 해를 끼친다는 점을 알고 통제하는 사람도 있다.

세상은 나와 비아非我로 나뉘어 있다. 비아는 적대적 관계를 의미한다. 이러한 상황을 바꾸기 위해서는 누군가 나의 생각을 받아주고 마음을 알아줘야 한다. 나를 이해해주는 사람이 외부 세상의 다리가 되어 상대는 적이 아니라 선의를 가진 사람이라는 것을 알려준다. 세상은 나와 비아가 아닌 나와 너로 함께 구성되어 있다는 것을 알면 상대를 바라보는 관점이 바뀌어 상호적 관계를 형성하게 된다.

전능감은 결코 환상이 아니다. 활력의 원시적 표현이다. 우리의 유아 때는 전능한 에너지밖에 없지만 자라고 성장하면서 공격성, 성, 애착 등 다양한 활력 표현으로 진화한다. 이성과 결합된 상태에 따라 삶에 긍정적 요인으로 작용할 수 있고 부정적으로 발휘되기도 한다. 따라서 성인이 이성적으로 전능감을 실현하면 엄청난 에너지가 방출된다.

우리가 이성을 유지하는 동시에 적절한 범위의 전능감을 가진다면 이보다 더 완성도 높은 삶은 없을 것이다. 전능한 나르시시즘과 이성이 조화롭게 결합된 자신의 인간성을 디자인하라.

전능한 나르시시즘에는 두려움이 담겨 있다

성인의 전능한 나르시시즘은 두 가지 특징을 띤다.

첫째, 나는 모든 것을 할 수 있으므로 너는 당연히 나의 요구에 맞춰야 한다. 둘째, 나는 모든 것을 할 수 있으므로 너의 모든 요구를 만족시킬 수 있다. 이를 전제로 사람들이 자신을 따르게 이끈다. 실제 많은 유능한 사람은 전능한 나르시시즘의 소유자인 편이다. 그들은 어린 시절에 지지받지 못한 욕구를 내면화하여 강하게 단련시켰다. 자신은 의지할 대상이 없다고 생각하고 심지어 부모조차도 자신이 돌봐드려야 할 대상이라고 생각한다.

이 같은 강박적인 완벽주의는 전능한 나르시시즘의 파생물이다. 특히 완벽주의가 적용될 때 자신이 완벽해야 자격을 갖춘 인물이 된다고 생각한다. 그렇지 않으면 쓸모가 없는 사람으로 자신과 남에게 유익이 되지 않는다고 생각한다. 그들은 모든 단계에서 완벽해야 하기에 역경에 처하게 되면 한 발짝도 움직이지 못하는 상황에 종종 직면하게 된다. 하지만 해결 방법이 있어 자기 힘으로 헤쳐나갈 수 있다면 시간이 걸리더라도 완수해내고야 만다. 반면 자신이 완벽하게 해내지 못할 것이라고 예감이 되면 무력감에 빠진다. 이를 해결하는 방법은 '성실'에 있다. 해야 하는 일을 꾸준히 해나가는 것이다. 이 과정에서 얻는 '나는 할 수 있다'라는 만족감이 자신을 믿게 하는 자양분이 된다.

영혼이 고도孤島에 처해 있는 사람들은 전능한 나르시시즘을 갖고 있다. 그들은 뭍에서 멀리 떨어진 작은 섬에서 자신의 존재를 확인한다. 다른 영혼들과 관계를 맺지 않으니 자신을 사랑할 수밖에 없다. 이런 전능한 나르시시즘은 고독하다. 그러므로 외딴 섬에서 나와 다른 영혼의 존재를 느끼면서 전능한 나르시시즘을 내려놓아야 한다. 사람들과 충만한 관계를 맺으면서 이성과 감성을 공유하고 자신을 드러내 이해받는다면 원시적인 자기애는 점차 현실감 있는 건강한 자기애로 변한다.

전능한 나르시시즘의 또 하나의 대표적인 특징은 과정의 완벽함을 가혹하게 요구한다는 것이다. 그들은 과정에서 어떠한 흠도 있어서는 안 된다. 준비가 미흡하거나 이어지는 결과가 마음에 들지 않으면 전능한 나르시시즘은 일을 처음부터 다시 시작하는 경향을 띤다. 이것은 뇌 폭정暴政의 고전적인 방식이다. 과정의 완벽함을 요구하는 것은 전능이 지배하는 '뇌의 나'다. '뇌의 나'는 자신의 전능함을 모든 단계에서 보여주고자 조금의 실수도 용납하지 않는다. 이를 통해 자신이 얼마나 완벽한지를 증명하고자 한다.

어떤 사람은 가족 구성원과 가정의 일을 자기 의지대로 밀고 나가며 매우 만족해한다. 자신의 생각대로 가족이 움직여주기 바라며 이에 반하는 행동이나 반론에는 격하게 분노한다. 배우자와 아이들이 통제에 대한 고통을 표출하면 그 감정표현을 무시하거나 강압적 자세로 제압한다. 한 번 용인하고 승인하면 지금까지 자신이 꾸려온 완벽한 가정을 파괴한다는 불안감에 휩싸이기 때문이다. 그러다 가족이 더 강력하게 감정표현을 하면 충격에 휩싸여 지신의 환각을 깬 가족을 원망하는 경향이 나타난다.

우리가 완벽을 추구하는 것은 보이지 않는 걱정 때문이다. 완벽하지 않은 부분이 파괴적 힘으로 작용해 일의 진전을 망치고 자신의 의지를 꺾을 것이라는 염려다. 잘해내야 하는 일일수록 이런 걱정은 내면의 통제를 벗어나 현실로 다가온다. 긴장이 유발되고 의지대로 사고와 행동이 연결되지 않는다. 현재 이런 상황에 처해 있다면 내면에 '나는 대체로 내 의지대로 일을 추진할 수 있다'라는 믿음을 불어넣어야 한다. 자신에게 강요하는 완벽함에서 서서히 멀어져야만 자기 강요에서 벗어나 자유가 찾아온다.

사소한 규칙을 정하는 데에도 자기 의지의 전쟁이 숨어 있다. 자신이 일을 망친 건 아닌지, 상대가 잘못한 건지, 자기 의지대로 규칙이 만들어지는 건지, 아니면 상대가 규칙을 결정하는 건지 번민이 계속된다. 그러나 우리는 사소한 부분조차 상대의 규칙을 절대 받아들이려 하지 않는다. 오히려 적대적인 태도로 관망하거나 조율에 방관한다.

물론, 제삼자 규칙이라는 또 다른 선택이 존재하지만 이는 타협의 대상이 아니다. 완벽주의자의 눈에는 나의 규칙과 비아非我의 규칙 두 가지 선택만이 존재한다. 이들이 판단하기에 일정 부분 양보하고 상대와 협력해 함께 일을 한다는 자체가 제삼자 규칙을 따르는 것이 된다.

일을 잘하려면 자기애가 과도한 이를 경계해야 한다. 갈등과 분쟁에 사리 분별에 맞게 사고하거나 행동하지 않고 자기애로부터 파생된 내용에 집착하기 때문이다. 그들은 사소하게 넘길 부분까지 따지는 경향이 높아 모든 것을 자기 의지와 규칙에서 벗어나지 않도록 통제한다. 그렇지 못했을 경우 일을 차라리 망쳐 놓을 수 있다.

큰일을 이루기 위해서는 '무정無情'이 필요하다. 상대가 전적으로 의지하고자 하는 욕구를 무시할 수 있고, 자신의 법칙에 맞지 않는 방식을 시도할 수도 있다. 비위를 맞추지도 않고 자신의 의지에도 집착하지 않으며, 일 자체의 법칙을 따른다. 개인의 의지와 일의 특성과 성질을 고려하고 융합해 나가며 일을 처리하는 것이다.

완벽함에 대한 추구는 '나의 기대'가 파괴되는 두려움에서 출발한다. 그러기에 어떤 일이든 100%로 완벽하게 완성되기를 기대하며 자신에게 끊임없이 공격을 가하는 것이다. 자기 '기대'의 파괴는 '나'의 죽음과 동일하다고 여기기 때문이다. 그러나 완벽함은 불가능하다. 현실의 자신과 기대 속 자신을 분리해야 한다. 그래야만 기대에 미치지 못했을 때 '자신'의 멸망으로 받아들이지 않는다. 좌절을 또한 하나의 과정으로 받아들일 수 있게 되는 것이다.

존재감 있는 '나'는 내면에서 응집된 자아이다. 추상적인 '나'는 소망들이 실현될 가능성 위에 세워져 있다. '나의 기대'에 맞는 '나의 발전 원동력'의 실현은 자신이 이 세상에 존재하는 의미를 결정한다. 완벽함은 어디에나 존재하고 매 순간에 존재한다. 그러므로 어떤 대상과 온전한 연결을 맺으면 결과가 미흡해도, 어떤 흠이 있거나 아쉬움이 남아도 그 순간에는 완벽함이 깃들었다는 점을 명심하자.

나르시시즘이 강력해지면
불안이 커진다

전능한 나르시시즘의 정도는 불안의 강도까지 결정한다. 많은 사람은 무언가에 쫓기는 것처럼 항상 긴박감을 가지고 있다. 발걸음이 조금 느려지기만 해도 죽음이 쫓아와 죽일 것 같은 긴장감이다. 마치 〈반지의 제왕〉에서 두 호빗이 오크들에게 약탈당하고 요정 왕자와 난쟁이들이 그들을 쫓는 것과 같다. 궁수가 땅에 엎드려 오크들의 발소리를 듣고 말한다.

"채찍이 그들을 무자비하게 때리는 것처럼 그들(오크들)은 서둘러 길을 재촉하고 있다."

우리 사회도 이 채찍처럼 무자비하게 우리를 때리고 독촉하고 있다. 경쟁으로 내몰고 앞만 보고 달리게 한다. 반면, 내면의 채찍도 있다. 전능한 나르시시즘에 지배받는 사람은 자신이 결정을 내리면 원하는 결과를 얻을 수 있다고 생각한다. 결과가 다를 경우를 염두에 두지 않는다. 따라서 절대적 믿음을 가지고 의도한 결과가 기대에 미치지 못하면 좌절감에 분노하게 되고 수치심에 시달린다. 극단적이고 부정적인 감정이 저승사자처럼 그들을 지배하고 무자비하게 압박한다. 그 결과 초조함에 쫓겨 상황을 이기지 못하고 자포자기하게 될 수 있다. 아니면 시도 때도 없이 자신을 '채찍질'한다.

늘 절박한 사람이라면 올바른 시간 개념을 형성해야 한다. 결정과 동시에 목표를 달성할 수 있는 일은 드물다. 처음부터 완벽하게 잘해내는 사람도 극히 드물다. 목표를 향해 가는 동안 시행착오를 줄이고 성공적으로 끝내기 위해서는 시간과 노력이 축적되어야 한다. 다른 길과 방법이 없다. 이를 잊어서는 안 된다.

현실 세계(관계의 세계)에서 진정한 관계를 맺고 무언가를 성취해보자. 전능한 나르시시즘의 정도는 관계의 깊이와 반비례 된다. 어느 대상과 깊은 관계를 맺는다는 것 자체가 일정 부분 전능감을 포기한다는 것이기 때문이다. 그 과정에서 만신창이가 되더라도 열심히 일하고 열심히 사랑하라.

건강한 나르시시즘에서 배려가 나온다

어떤 사람들은 “너의 도움은 내 자존심을 상하게 하므로 네 도움을 원하지 않는다.”라고 말한다. 이는 “나는 도움이 필요치 않고 누가 나를 도와주고 싶다면 내가 그것을 받아들이도록 설득해야 한다.”라고 강조하는 것이다.

물고기를 잡아주기보다 물고기 잡는 법을 알려줘야 하는 것처럼 전능한 나르시시즘에 가장 좋은 도움은 ‘건강한 나르시시즘’을 증강시켜 주는 것이다. 만약 물질적 도움이 불가피한 경우라면 그들이 자신의 노력으로 그 결과를 얻었다는 느낌을 주어야 한다. 이 점은 매우 중요하다. 노력이 필요 없는 증여는 도움을 주는 사람의 자기애는 높이고 도움을 받는 사람의 자기애는 낮출

확률이 높기 때문이다.

따라서 도움을 제공하는 사람은 자신의 내면을 잘 살펴 증진된 자기애를 자각해야 한다. 상대방에게 상처가 되었다고 느낄 때는 도움을 즉시 멈춰야 한다. 상대방이 부담스러워하거나 원하지 않는 도움을 주는 것은 자기만족을 위해 감행되는 행위일 뿐이다.

건강한 나르시시즘을 가진 사람들은 자기애의 손상을 견딜 수 있다. 그들은 여러 사람과 관계를 맺으며 배려하고 존중하며 자신을 객관적으로 평가한다. 그러나 건강하지 못한 나르시시즘을 가진 이들은 자기애를 지키기 위해 사람들로부터 입은 은덕을 저버리기도 하고 배신하기도 한다.

도덕적 나르시시즘은 좋을까?

우리는 자신의 적대심은 잘 깨닫지 못하면서 타인의 적대심은 과장되게 해석하는 경향이 있다. 또한 자신의 결점은 묵과한 채 다른 사람의 결점은 우리 눈에 든 가시처럼 여긴다. 자신은 도덕적이라고 단언하면서 타인의 비도덕적인 면에 시선을 고정한다. 이처럼 자신은 스스로 이기적이지 않다고 생각하는 사람은 타인과 잘 지내기 어렵다. 그 이유는 단순하면서 명쾌하다.

첫째, 자신은 이기적이기 않다고 믿으며 '이기심'과 같은 '나쁜' 것을 주변 사람들에게 투사한다.

둘째, 자신은 이기적이지 않다는 믿음으로 도덕적 우월감을 스스로 부

여해 어떠한 행동을 하더라도 자신이 옳다고 여긴다. 그래서 다른 사람의 의견을 듣지 않는다.

셋째, 자신을 이기적이라고 여기지 않으므로 발언권을 포함해 자신이 원하고 바라는 것을 매우 강하게 주장한다.

넷째, 분명 이기적인 구석을 지니고 있지만, 그렇지 않다는 확증으로 주변 사람들이 거북해할 수밖에 없다.

이기적이지 않다고 자처해온 사람이 오히려 이기적일 수 있다. 가끔은 스스로 이기심을 허락하고 상황에 따라 강하게 발휘한다는 점을 인정하는 것은 매우 큰 성장이다. 자기 내면에 이기심이 존재하고 자아도취에 빠지기도 한다는 것을 깨닫고 인정한다면 자신과 주변 사람의 관계가 훨씬 편해질 수 있다.

'도덕적 나르시시즘'은 관계를 거절하고 다른 사람을 귀찮게 하지 않는다는 명분으로 모든 일을 스스로 해결하려 한다. 그 결과 도덕적 나르시시즘을 가진 사람은 항상 외로움에 묶여 있고 다채로운 생활을 즐기기 어렵다. 자신의 도덕 수준이 높다고 인식하는 사람일수록 상대적으로 다른 사람의 도덕 수준은 낮다고 평가하여 사람 간 어울림에서 멀어진다.

도덕적 자기애를 가진 자는 너무 외로워서 외로움을 합리화하는 경향이 있다. 일상에서 그들은 감정적으로 다른 사람에게 폐해를 주지 않으려 한다. 그들은 모든 일과 판단, 문제 상황을 혼자 해결하고 견디면서 고독함과 사랑에 빠졌다고 말한다. 다른 사람에게 도움, 사랑, 보살핌을 청하는 것 자체가 그들의 도덕적 나르시시즘에 손상을 주는 일이다. 그래서 도덕적 나르시시즘을 지닌 사람과 함께 있으면 외로움을 느낄 수밖에 없다.

도덕적 나르시시즘을 지닌 사람의 에너지는 내향적이다. 적의도 없고 열정도 없다. 이들이 젊다면 그나마 열정과 인간미를 띠지만, 중년이 되면 점차 빈껍데기가 되어 행동만 남을 뿐 에너지의 흐름이 약해진다. 노년에 이르면 남의 일에 신경 쓰지 않고 자신의 고독한 세계에 빠져든다. 사교에 소극적이며 심지어 집안일조차 하지 않으려 한다. 그들은 내적 안정을 얻었다고 하지만 사실은 활기를 잃은 고요함일 뿐이다.

도덕적 나르시시즘의 형성은 진정한 자아를 보지 못하고 알지 못해 타인에게 보여주기 위한 다른 유형의 자아를 발전시킨 결과로서 이타적인 행동에 다른 사람들이 칭찬한다는 사실에 집중한다. 칭찬은 인정받은 사람으로 내면이 자극된다. 스스로 자신이 괜찮은 사람이라는 인식을 부여하기에 충분한 조건이 되는 것이다.

그러나 심각한 도덕적 나르시시즘은 자아를 상실하게 만든다.

타인에게 드러내는 자신의 자아는 본래 지닌 도덕성보다 강한 도덕성을 요구하게 마련이다. 다른 사람들보다 월등히 선해야 하고 탁월하게 바른생활을 해야 한다. 이를 유지하기 위해 자아의 도덕성을 닦달한다. 없는 도덕성까지 긁어모아야 할 판이다. 그로 인해 외적 도덕적 모습은 완성되겠지만 내적 자아는 피폐해진다.

도덕적 자기애를 가진 사람이 하는 좋고 착한 일에는 따듯한 온도가 결여되어 있다. 그리고 주변엔 항상 '나쁜 사람'이 출몰하는데 '나쁜 사람'이 도덕적 자아도취자의 위대함을 드러내 주기 때문이다.

도덕적 나르시시즘이라는 말은 좋게 들리지만, 진정한 자아를 부정하는 연약함이 숨어 있다. 비판이 두려워 착하고 선함으로 위장한다. 여기에 더해 자신을 실수하지 않는 사람으로 만들어 다른 사람으로부터 트집 잡히지 않으려 한다. 심각한 도덕적 자아도취는 관심이나 주목을 받지 못한 사람이 형성한 자아상이다. 강박증 마냥 무조건 다른 사람에게 잘해주면서 자기 위안을 얻는다. 그렇지 않으면 죄책감이나 불안감에 휩쓸린다.

도덕적 나르시시즘을 추구하지 마라. 도덕적 위대함을 추구하기 위해 자신을 괴롭게 만들 뿐이다. 그뿐만 아니라 자신을 올바른 위치에 두기 위해 주변 사람을 나쁜 놈의 위치로 밀어붙이게 된다. 분노를 표출하는 것이 나쁘다는 인식을 가지고 있다면 적당히 나빠지는 법을 배워라. 타인을 해치지 않는 선에서 자기감정이 해소되어야 한다.

분노가 밖으로 표출되지 않고 내부에서도 소화되지 않으면 분노의 화살은 자신을 표적으로 삼아 공격한다. 자신의 약점을 스스로 잘 알기에 어디를 공격해야 타격을 크게 입는지도 안다. 회복 불가능의 지경에 이를 수도 있다. 때로는 공격의 위험성을 아는 사람은 스스로를 통제해 자신을 억누르기도 한다. 자기 통제는 사고와 행동이 느려지고 불편해진다. 따라서 분노를 표현하는 법을 배워 다른 사람의 시선이나 평가를 두려워하지 않을 때 자

기 억압이 사라지고 자유로움과 여유가 생긴다.

도덕성이 높은 사람은 참을 수 없을 때까지 참는다. 화가 나는 상황에서 화를 내면 '좋은 사람'이라는 자기 정체성이 무너지기에 분노를 억누르는 것이다. 이들은 자신이 절대적으로 옳고 '상대방이 절대적으로 틀리다'는 위치에 놓여야 반격할 수 있다고 생각한다. 이런 대립감은 그들의 도덕적 주장을 더욱 강화시켜 파괴적인 공격성을 드러내게 만든다. 이때의 반격에는 관계의 파괴가 수반된다.

'좋은 사람'은 도덕적 자기애가 관건이다. 좋은 사람도 감정의 통제력을 잃고 격한 분노를 그대로 표현해야 한다. 분노의 에너지를 자연스럽게 표출할 때 상대방과 상호작용도 상대적으로 단순해진다.

지나친 도덕적 나르시시즘을 경계하라

도덕적 나르시시즘이 극치에 다다르면 이른바 '도덕적 좀비'가 될 수 있다. 인생 원동력이 '나는 좋은 사람이다'라는 이미지 추구에 집중되어 일상에서 정상적으로 생성되는 다른 감정을 소멸시켜버릴 수 있다. 원칙 없는 무골호인無骨好人이다. 이들은 어린 시절 보호자로부터 자신의 요구가 심각하게 무시당한 경험으로 인간관계에 두려움을 가진 경우가 많다.

도덕적 좀비가 된 사람들은 도덕적 자기애가 극단으로 치닫는다. '좀비'는 두 가지 의미가 있는데 하나는 감정과 욕망이 모두 사라지고 단지 '좋은 사람'이라는 껍데기만 남은 경우다. 다른 하나는 삶이 나날이 굳어가는 것을 의미한다. 도덕적 좀비의 흥미로운 점은 '좋은 사람'이라는 이미지로 주변 사람들의 칭찬은 자자하지만 가까이 지내는 사람이나 마음을 터놓고 소통하는 사람은 없다는 것이다. 지나치게 도덕적 완벽을 추구하기에 범접하기 어려운 사람이 되고 마는 것이다. 결국 '좋은 사람'은 고독해질 수 있다. '좋은 사람'이 되어 사람들과 친해지려 노력하지만 사회와 상대에 대한 원망만 키우게 된다.

도덕적 좀비의 착한 행위는 골수에 깊이 사무친 연기로서 착한 행위는 외부를 향하며 타인에게 보여주어야 한다는 목적이 분명하다. 이들은 여러 사람 앞에서는 상대에게 친절하고 잘해주지만 집이나 단둘만의 공간에서는 악마 같은 면을 드러내기도 한다.

도덕적 좀비는 일상적으로 모순적 행동이 나타나는 경향이 있다. 상대방에게 잘해줄 때는 아낌없이 헌신하지만, 그와의 관계가 끝나면 온갖 소소한 일로 그를 저주한다. 자신이 좋은 사람이라고 생각할수록 다른 사람이 나쁘다고 단정 짓고 습관적으로 남을 험담한다. 이러한 도덕적 좀비 증상은 유아기 때의 욕구 불만족에 따른 방어기제에서 비롯된다고 한다.

절대 금지된
초자아에서 벗어나기

우리 내면에 매우 가혹한 비평가가 있다면 세상을 바로보기 힘들다. 가장 가혹한 비평은 전능한 나르시시즘의 반대편에 서 있는 고독에서 비롯된다. 전능한 나르시시즘으로 '나는 모든 것을 가질 것이다'라는 소망이 완성되지 않으면 '내가 뭘 원한다는 것은 매우 부끄러운 일이다.'라는 비관으로 전환된다. 이러한 생각이 누적되면 전능한 나르시시즘은 절대 금지된 초자아를 형성한다.

정신분석학의 창시자 지그문트 프로이트는 인간 성격의 구조를 이드Id, 자아Ego, 초자아Super-Ego로 나누었다. 나는 여기에 접두사를 붙여 전능 나르시시즘 이드, 절대 금지된 초자아, 나른한 자아로 설명하려 한다.

'이드'는 자기 마음대로 하고 싶어 하는데 '전능한 나르시시즘 이드'는 원하는 모든 일이 완전히 달성되는 것까지 추구한다. 자신을 신으로 단정하고 세상이 자기가 원하는 방향으로 움직여야 한다고 여긴다. 이같이 실행되지 않으면 절대 금지된 초자아가 유발된다. 자신의 자발적인 행위가 모두 잘못되어 어떤 방향으로 나아가든 심지어 제자리에 서 있는 것조차 옳은 일이 아니라고 여긴다. 사회에서 부정된 자기 의지 대신 외부의 말을 잘 듣는 것만이 옳다는 것이다.

자아는 이드와 초자아를 조화시키는 역할을 한다. 이드와 초자아의 충돌이 없거나 심하지 않으면 외부로 드러나는 정신적 모습이 비교적 편안하다. 그러나 전능한 나르시시즘을 지닌 이드와 절대 금지된 초자아가 심하게 갈등하면 자아는 연약해지고 무너진다. 예를 들어 어느 날 갑자기 야망이 솟아나 어떤 일을 달성하고픈 욕구와 목표가 무서운 지경까지 높아지는 순간이다. 전능한 나르시시즘의 이드가 작용한 것이지만 동시에 목표 달성이 비현실적이고, 관련 분야에서 성공한 경험이 부족하다는 사실을 깨닫는다. 그로 인해 외부 세계가 우리 목표에 협력하지 않을 것이라는 판단을 내린다. 이는 절대 금지된 초자아가 움직인 것이다. 이 움직임은 강력하게 자기 생각과 행동을 제압해서 기운을 소멸시키며 정신과 몸의 힘을 뺀다.

우리 내면에는 절대 금지된 초자아가 살고 있다. 자신이 어떤 일을 자발적으로 수행하면 실수하고 그 결과 비난을 받을 것을 두려워하게 만든다. 이렇게 악마 같은 초자아는 자아의 개념이 약한 사람들에게 각종 압박을 가한다. "도전하지 마. 넌 더 힘들어질 거야."라고 속삭인다. 그러나 분명히 알아두어야 할 점은 폐쇄적인 세계에서 살아가는 것이 더 어리석고 잘못된 방식이라는 것이다.

'전능 나르시시즘 이드'와 '절대 금지된 초자아'는 곳곳에서 발견된다. 가장 흔한 예로, 부모가 자녀에게 완전한 순종을 요구할 때이다. 부모는 전능한 나르시시즘을 발현해 아이들로 하여금 절대 금지된 초자아를 형성하게 만든다. 안타깝지만 현대의 교육제도나 학습방식에도 어느 정도 책임이 있다. 적지 않은 시험의 주된 목적이 응시자의 능력을 평가하는 것보다 응시자를 난처하게 만들고 좌절하게 만들어 자발성을 잃게 한다.

그러므로 이런 방식의 교육체제는 아이들이 자유롭게 발전할 공간을 협소화시킨다. 특히 일부 시험은 변덕스럽고 높은 난도를 기준으로 오로지 그 시험의 권위만 전하려 든다. "여기 모든 것은 내가 결정하고 내가 중심이니, 너의 의지는 소멸되어야 한다."라는 식으로 응시자를 농락한다. 그로 인해 능력 평가는 무의미해진다.

부모는 아이의 최초 시험관이다. 부모가 아이의 자유로운 성장을 지지하는지, 아니면 자신의 호불호로 아이를 통제하는지는 매우 중요하다. 아이가 큰 시험에서 최상의 실력을 발휘하려면 구속이 아닌 자유로움을 줄 때 가능하다. 성장을 돕는 부모의 아이는 시험에 대한 불안감이 적을 것이고, 징벌적 부모의 아이는 시험에 대한 불안이 클 수밖에 없다.

이를 자신에게도 적용해보자. 내 주변에 나를 응원하고 지지하는 사람이 많은지, 반대로 상대의 기준에 맞춰주기를 원하는 사람이 많은지 둘러보라. 그들에게서 자신이 어떤 감정을 느끼는지도 중요하다. 통제나 구속은 절대 자유로움을 줄 수 없다. 진정한 능력과 진정한 관계 맺음에서 자신의 진정한 존재감을 느껴야 한다.

나르시시즘 VS 관계

자신과 타인을 이어주는 소통은 진정성을 기반으로 한다. 진실하게 자신을 드러내느냐가 관건인데 여기에는 감정의 솔직함도 포함된다. 상대에게 맞추기 위한 억지 소통은 결국 관계를 단절시키고 유대감의 분열을 초래한다.

자신을 보호하기 위해 방어벽을 세우지 마라

나르시시즘은 자신의 성장을 돕는 원동력이 될 수 있다. 그런데 우리는 성숙할수록 자기애를 보완하기보다 자신의 부족함과 결함을 더 잘 받아들인다. 겸손을 선택하는 것은 결코 자기 성장에 도움이 되지 않는다. 자아가 제대로 성장하지 못하면 나르시시즘으로 자신을 방위한다. '나는 문제가 없다.', '나는 좋은 사람이다.'라고 생각하면서 '너는 문제가 많다.', '너는 좋은 사람이 아니다.'라며 다른 사람에게 원인을 떠넘기고 상황을 모면하려 한다.

사람은 누구나 기본적인 나르시시즘을 가지고 있다. 문제는 이것이 자신을 완전히 봉쇄하는 용도로 쓰이기도 한다는 것이다. 봉쇄된 세계에서는 관계의 자양분을 얻지 못해 괴로워하지만, 아이러니하게도 철저히 봉쇄된 환경에서 나르시시즘이 가장 완벽하게 보장받을 수도 있다. 즉, 지금 세상과 자신에 대한 자기 생각이 절대적으로 옳다는 원초적인 나르시시즘에 방해자가 없다는 말이다. 이때는 자신이 자기 세계의 궁극적인 해석자가 된다.

실제로 심리상담사를 찾아간 내담자來談者 중 상담사의 이야기에 집중하는 사람이 많지 않다고 한다. 상담사의 이야기가 그들이 원래 갖고 있는 이해와 충돌되기 때문에 설명은 귀로 듣지만 자기 내면세계에서는 전혀 받아들이지 않는 것이다. 심지어 귀로 듣지도 않는다. 상담사의 이야기가 정확할수록 그들은 자신보다 현명한 사람에게 조언을 듣고 있다는 생각으로 나르시시즘에 상처받는다. 이를 방어하고자 그들은 외부의 소리를 끊고 자존심을 지키는 것이다.

내담자가 심리상담사의 이야기를 듣지 않는다는 사실을 지적하려는 것은 절대 아니다. 그들의 이런 행위는 자신의 선택이고 자존감을 지키고 유지하려는 인간성의 자연스러운 표현이다. 다만, 내담자는 상담사가 자신에게 선의를 품고 있다는 느낌을 먼저 받아야 한다. 상담사는 관계의 차원에서 상담을 진행해야 하며 내담자의 행동에 감정이 상해 자기애 차원에서 방어적으로 나서는 안 된다는 것이다. 누가 옳고 그른지, 누가 위이고 아래인지, 누가 관계에서 권력을 장악하고 있는지 드러내서는 안 된다. 내담자와 동등한 위치와 같은 상처가 있는 처지의 사람이 만나 대화를 나누는 것처럼 느껴지게 해야 한다. 그래야 그들이 상담사의 이야기를 내면세계로 받아들인다.

부모와 자녀, 교사와 학생 관계도 이와 비슷하다. 아이들은 아직 완전한 자아를 형성하지 못한 단계이므로 권위적인 메시지는 공격적이고 파괴적으로 받아들이며, 자신을 보호하기 위해 외부 세계로부터 자신을 격리하는 벽을 세운다. 자신을 고립시키는 방법으로 자기를 보호하려는 것이다. 따라서 양육자나 보호자는 강압적이고 지시적인 태도에서 벗어나 자녀를 이해하고 공감하는 마음으로 다가가야 한다.

강해지고 싶다면 반드시 관계의 세계로 진입해야 한다. 외부에 자신을 개방하고 필요한 정보를 살펴 받아들이자. 단, 전제조건이 있다면 외부 세계의 메시지가 심각한 공격성과 침략성을 띠지 않아야 한다는 것이다. 외부 세계의 '너의 관점'이 내면에 있는 '나의 관점'을 무너뜨리지 않아야 흥미롭게 정보를 받아들일 수 있다. 조화를 이룰 수 있는 요소가 있어야 호기심을 가지고 내면의 문을 더 활짝 개방하게 된다.

외부 세계와 연계는 자신의 나르시시즘에 도전하는 계기이다. 그동안 공들여 쌓아왔던 나르시시즘을 상할 수 있다는 각오도 세웠지만, 완전히 파괴하려 들면 안 된다. 그래야만 외부의 '너'와 '나'가 공존하고, '나'는 '너의 메시지(에너지)'를 흡수해 지속해서 유대를 형성할 수 있게 된다.

성숙한 자아가 구축되면 대단한 것에 현혹되지 않고 강함에 유혹당하지 않는다. 그러나 자아가 구축되지 않은 사람은 나르시시즘을 유지하기 위해 대단해보이는 것만 추구한다. 그 결과 오히려 자아를 상실하게 된다.

역량과 관계 사이에는 거리가 있다

인간성에 대해 두 가지 차원으로 나눠 살펴볼 수 있다. 하나는 '자기애(역량) 차원'의 강약이며, 다른 하나는 '관계의 차원'으로 깊고 낮음이다. 자기애는 '능력과 권력의 차원'이다. 관계의 차원은 선악의 차원, 도덕의 차원, 감정의 차원이다. 그래프로 도식화한다면 한 사람의 마음의 용량을 바탕에 두고 자기애의 차원은 세로축, 관계의 차원은 가로축이라고 가정할 수 있다. 자기애의 차원과 관계의 차원이 꼭 비례하거나 반비례한다고 말할 수는 없다. 자신의 내면이 어느 것에 더 주안점을 두느냐에 따라 그래프의 모양은 달라진다.

다음과 같은 몇 가지 규칙과 전형적인 상황을 생각해보자.

첫째, '관계'에 민감해서 너무 많은 에너지를 소비하는 사람은 '자기애(역량)'를 다칠 수 있다.

둘째, 자기애 차원이 강하면서 관계의 깊이가 낮다면 비정상적인 병적 상태를 드러낼 수 있다.

셋째, 극단적인 상황에서 관계의 차원이 전혀 펼쳐지지 못해 점수가 0이라면, 자기애 차원은 가파를 수밖에 없다. 이러한 두 사람이 만나면, 너와 나는 절대적인 상하 관계에 놓인다. 고위에 있는 사람은 자신보다 낮은 사람의 생사를 결정하려 든다. 그 결과 자기애의 강약은 생사의 문제로 전환된다. 예를 들어 한 여성이 회의에서 공개적으로 리더를 비판했다. 그 발언은 지나치지 않았고 상대방도 비판을 받아들였다. 하지만 여성은 이로 인해 병이 생겼다. 상대방의 보복이 걱정되고 사회생활에서 매장당할까 봐 두렵기 때문이다.

넷째, 관계 차원은 10점으로 발전했는데 자기애 차원은 80점인 상황을 상상해보자. 이때 마음의 용량은 여전히 가파르지만 그래도 조금이나마 마음의 공간이 생겨 내적 갈등이 일어도 비교적 수월하게 풀린다.

다섯째, 완벽한 상황을 생각해보자. 자기애의 차원과 관계의 차원이 모두 만점인 상황은 카를 융이 말하는 만다라Mandala의 상태다.

여섯째, 일반적인 관계에서 우리는 마음의 용량이 비슷한 사람과 사귄다. 그러나 연애할 때는 자신과 상대적인 사람에게 더 쉽게 끌린다. 이런 사람과 어울리면 고통스러울 때가 많지만 다름에서 오는 대리만족을 느끼며 특별한 감정이 유발된다. 서로 마음 용량의 원만함을 구성해 감정이 통했다는 것이다.

나르시시즘에서
관계의 차원으로 나아가라

사람들은 모두 타인에게서 '자기애(역량)의 차원'을 더 많이 감지하려 한다. 사회적 기준에서 볼 때 겉으로 드러나는 부분이기에 판단하기 쉽기 때문이다. 그러나 '관계의 차원'이 훨씬 더 중요하며 자신을 발전시켜야 할 부분도 여기에 있다. 동등한 관계에서 깊이를 더해 유대를 돈독하게 만들어야 한다.

우리가 상대에게 원하는 것은 관계의 깊이지만 먼저 감지되는 것은 자기애이다. 고독한 사람은 모든 것을 자신의 능력의 문제라고 생각하기도 한다. 특히 감정적으로 상처를 받으면 '관계의 차원'까지 좌절을 느낀다. 깊은 수치심을 느끼고 자신이 부족해서 관계가 틀어졌다고 생각하여 고군분투한다. 자신 외에는 의지할 사람이 없다고 생각하며 자신의 능력을 힘껏 발휘하여 결국 나르시시즘의 차원으로 돌아온다. 이는 자신을 고립시키는 결과를 낳을 뿐이다.

하지만 상대에게서 감정적인 만족을 얻고 평등을 경험하면 자신을 옭아맨 비천함에서 벗어날 수 있다. 사람은 감정적인 만족을 얻을 때 깊은 행복감과 존재감을 경험하기 때문이다.

나르시시즘, 특히 전능한 나르시시즘의 지배를 받으면 마치 하늘을 나는 느낌이다가 감정적 상처를 입게 되면 하늘에서 추락하는 느낌이 든다. 그로 인해 모든 문제가 자기 능력의 높고 낮은 문제처럼 보인다. 그러나 주변의 이해와 사랑이 뒷받침되면 땅에 견고하게 서게 되고 자신이 주변 사람들과 평등하다는 것을 알게 된다. 상대와 동등한 감정이 정서적 만족을 가져다주기 때문이다. 하지만 나르시시즘이 너무 강할 경우에는 남들 위에 군림하는 만족감을 충족하려 들 수 있다. 그 결과 관계의 만족감을 주는 상대를 경멸하며 멸시하게 되기도 한다.

만족감은 일차적으로 사람의 높고 낮음을 구별하지만 그렇지 않은 만족감도 있다. 둘의 차이점은 만족감을 제공하는 상대가 자신을 낮은 위치에 두느냐, 아니면 상대방과 동등한 위치에 두느냐에 있다. 후자는 높은 나르시시즘의 사람에게 신속하게 관계

의 차원에서 만족을 체험하게 해준다. 그러나 이 만족감의 효과를 과하게 미화해서는 안 된다. 나르시시즘의 수준이 높은 사람은 자신의 세계에 깊이 빠져 좌절하고, 이해와 응답을 받고, 만족감을 얻는 과정을 여러 번 경험해야 관계의 차원으로 진입하기 때문이다.

즉, 나르시시즘의 차원에서 관계의 차원으로 계속해서 발전을 이끌어야 한다. 관계의 수준이 매우 낮은 사람은 높은 자기애 수준을 지닌 경향이 있다. 자신의 존재만 중요하고 다른 사람의 존재를 인정하지 않는 경우가 대부분이다. 그들은 '나는 순진하고 진정한 감정과 사랑을 추구한다'라고 주장하며 평등한 관계를 구축하고자 한다. 그러나 그들은 작은 상처에도 나르시시즘의 논리에 따라 생각하고 행동한다.

나르시시즘의 논리는 무엇인가? 감정 즉, 관계의 차원이 가로축이고, 자기애(역량) 즉, 나르시시즘의 차원이 세로축이다. 따라서 감정적 상처를 받게 되면 가로축의 수준이 왼쪽에 있는 세로축으로 근접해 사람 간의 귀천을 구분하는 논리로 전환된다. 자신이 능력을 얻어 상대방보다 높은 자리에 올라가 한다는 생각이다. 이러한 생각과 행동은 관계 형성을 해치고 상대에게 상처를 줄 수 있다. 이런 사람의 관계 수준은 언제나 어두운 지역에 놓여 있다.

그들은 스스로도 자신이 나쁜 감정을 지니고 있다는 것을 자각한다. 다만 인간은 기본적으로 양과 음을 갖고 있으며 자신이 좌우할 수 없는 영역이라고 여긴다. '내가 나쁜 일을 했다'라는 인식이 그들의 나르시시즘을 더욱 파괴한다. 따라서 파괴되는 자신의 나르시시즘을 지키기 위해 나쁜 행위를 지속하며 도덕적으로 상대방의 잘못으로 돌린다.

능력에 대한 나르시시즘 외에도 '내가 옳다'는 나르시시즘의 차원이 존재하는데 이는 상대방과 관계를 깨트린다. 그로 인해 상대방과 관계는 깨진다. 둘의 관계 수준을 악화시키며 개선되지 않을 경우 악순환으로 이어진다. 결국 윤리에서 심각하게 어긋난 일을 감행하기도 한다.

나르시시즘은
자아도취가 아니다

높은 자아도취 관점은 우월하고 월등한 일을 자신과 동일시한다. 나르시시즘에 약간의 손상도 허용하지 않으려는 의도인데 나르시시즘의 손상으로 자신이 망가지고 결국 사멸하게 만든다는 공포를 불러일으키기 때문이다. 그래서 어떤 상황에서든 기대 이상의 대가를 치르더라도 필사적으로 나르시시즘을 지키려 한다.

높은 나르시시즘의 수준을 가진 사람에게 주변 사람들은 매사에 양보한다. 사사건건 따지는 것이 불필요하다고 여기기 때문이다. 대신 양자 간 애착 관계의 패턴을 형성한다. 높은 나르시시즘의 수준을 가진 사람은 끊임없이 일을 저지르고 참는 사람이 뒷수습을 하게 되는 것이다. 그들은 매사에 자신이 남들보다 우위에 있다는 생각으로 자신과 주변 상황을 모두 좋게 평가한다. 관계 차원의 선악을 감지하지 않으며 판단을 유보하지 않고 둔감하게 작용시켜 자기기만으로 방어 메커니즘을 만든다.

자아도취형은 아무 까닭 없이 트집을 잡기도 한다. 그리고 여러 가지 일을 섞어서 말하기도 한다. '사건 1'이 자신이 이치에 맞지 않으면 '사건 2'를 꺼낸다. '사건 2'에서도 이치에 맞지 않으면 또 다른 이야기로 바꾼다. 이런 그들의 태도에 억눌린 사람들은 빠르게 양보한다.

억눌린 사람은 단 한 가지 실수에도 반성하고 자아도취형은 자신이 한 가지만 맞고 남은 아홉 가지가 틀려도 그 한 가지 맞는 점을 확대해 해석한다. 이로써 우려되는 점은 억눌린 사람은 매사를 따질 필요가 없으므로 잘못 인정을 하나의 전략으로 이용하지만, 반복되다 보면 진심으로 자신이 정말 잘못된 사람으로 생각하게 된다는 점이다. '네가 이치에 맞다'라는 생각을 자아도취형에게 심어주지만 정작 양보하고 맞춰준 자신은 나르시시즘이 손상되는 결과를 유발하게 된다는 것이다.

관계에서 갈등이 생기면 양쪽 모두에게 책임이 있다. 그럼에도 자아도취형은 계속해서 자아도취에서 벗어나지 못하고, 억눌린 사람은 계속해서 억눌려 있게 된다. 그 결과 관계의 차원에서 해결되지 못하는 갈등이 터진다.

모든 사람의 말과 행동에는 일리가 있다. 모두 자기 관점에서 문제를 바라보기에 자기주장의 근거가 있고 이치에 맞으며 타당하다고 여긴다. 하지만 좋은 관계를 맺고 싶다면 양쪽 모두 편하게 존재할 수 있는 심리적 공간이 마련되어야 한다. 이는 두 마음간 여백으로 상황을 객관적으로 바라볼 수 있게 해준다. 심리적 공간은 '아, 저렇게 생각할 수도 있구나.', '내 주장의 문제는 무엇일까?' 라는 인정과 반문이 동반되면 마련된다.

누구든지 함부로 관계를 파괴하는 행동을 해서는 안 된다. 무조건적 양보나 자아도취에서 벗어나야 한다. 어느 쪽이든 부담스럽게 지나친 행위는 좋지 않다.

통제보다 포용의 위력이 강하다

높은 통제욕은 두 가지를 의미한다. 첫째, 관계에서 감제고지 瞰制高地(적의 활동을 살피기에 적합하도록 주변이 두루 내려다보이는 고지)를 차지하려는 것이다. 특히 나르시시즘, 권력, 역량의 가로축에서 우위를 점령하려 한다. 둘째, 관계의 깨짐을 두려워한다. 그로 인해 관계, 애착, 감정의 차원에서 매우 민감한데 이는 높은 통제욕과 불안감이 공존하는 상태이다.

애착 관계에 있어 나르시시즘 수준이 높은 사람은 본능적으로 자신이 어떤 사람을 찾아야 하는지를 알고 있다. 아주 순수해서 속마음이 고스란히 드러나는 사람이나, 단순해서 다음 행동이나 말의 예측이 가능한 사람을 찾는다. 하지만 그들의 솔직한 심리는 상대방의 이런 점을 좋아하지는 않는다. 그런데도 여전히 이런 사람을 선택하는 것은 자신이 통제하기 쉽고 자신에게 안정감을 주기 때문이다.

통제가 쉬운 사람은 관계의 우위를 차지하려 애쓰지 않으며 높은 수준의 안정성을 유지하고 싶어 한다. 그로 인해 통제욕 높은 사람의 요구에 빠르게 부응하며 사소한 시비나 갈등의 요소를 제거한다. 초안정 상태의 사람은 습관적으로 복종하고 역량 차원의 하단에 머물러 있다. 하지만 이런 순종은 일방적 양보이지 마음에서 우러나오는 인정이 아니다. 따라서 복종적인 사람이 참지 못했을 경우 언젠간 '반란'을 일으킨다. 이를 나르시시즘에 대입해보면 역량 차원에서 우위를 점령하고 싶은 사람이 역량 차원의 열세에 놓여 있는 사람을 찾는 것은 일시적인 해결법에 불과하다는 말이다. 마찬가지로 관계에서 자신이 참고 양보하는 것이 대부분이라면 차라리 그 사람과 헤어지는 것이 더 좋다.

진정한 해결법은 관계 차원의 수준 변화가 자유로운 사람을 찾는 것이다. 관계 차원에서 자유도 의지가 높은 사람은 자신의 변화 폭이 넓기에 통제 욕구가 강한 사람까지 포용할 수 있다. 참는 것은 포용과 다르다. 양보와 철회, 물러서며 자기 의지를 꺾는 것이 참는 것이라면, 포용은 수용하며 그럴 수 있다고 이해하는 것이다. 참는 것은 반발이나 반감이 작용하지만, 포용은 감정의 부작용이 생기지 않는다.

하지만 통제욕이 강한 사람은 포용의 실천이 어렵다.

첫째, 그들은 관계 차원의 폭이 넓은 사람을 찾아야 하는데 그 자체를 두려워하기 때문이다. 현실에서 통제욕이 강한 사람은 이런 사람과의 관계 맺음을 다소 부담스러워한다. 자신이 통제할 수 없을까 봐 피하는 것이다. 대신 순종하는 사람을 찾는다.

둘째, 그들은 자신이 까닭 없이 트집을 잡아도 상대가 자신을 포용하기를 원한다. 그로 인한 관계에 활력을 불어넣을 수 있는 것이다. 그런데 통제욕이 강한 사람의 악한 행동 또는 관계를 강력하게 파괴하는 행동은 포용하는 사람과 관계 공간을 파괴하고 관계를 무너뜨린다. 비록 관계가 계속 유지되더라도 진정한 관계는 이미 죽었다고 해도 무방하다.

죽은 관계는 그냥 죽게 버려두는 것이 낫다. 10년 혹은 20년 전부터 죽은 관계지만 여러 원인으로 여전히 관계가 유지되기도 한다. 그러나 이러한 관계에는 '어두움'뿐이다.

사람의 일생은 길다. 하나의 관계가 틀어져도 다른 관계를 찾으면 된다. 세상은 넓고 문제를 지닌 사람은 각양각색이다. 노력에 따라 나와 잘 맞는 사람을 찾을 수 있다. 시간은 우리의 수많은 잘못을 수용할 수 있는 거대한 그릇이다. 세상도 거대한 그릇이다. 이런 세상에서 살아가고 있는 우리는 어리석은 잘못을 반복해도 다양한 선택이 여전히 우리에게 주어진다.

자신의 잘못을 절대 인정하지 않는 사람들이 있다. 이들은 차라리 죽을지언정 자신이 틀렸다는 것을 인정하기 싫어한다. 자신의 잘못에 대한 지적을 용납하지 않으며 진심으로 잘못을 반성하지도 않는다. 반면 주변 사람이 실수를 유발하도록 유도하기도 한다. 더구나 잘못이 없는 경우에도 잘못을 인정하도록 강요하기도 한다. 그로 인해 갈등이 유발되고 사회 문제가 되기도 한다. 이러한 문제는 개인, 가정, 회사, 권력 체제 등 여러 곳에서 찾아

볼 수 있다.

개개인은 심리적으로 자기 체면 문제를 중요시한다. '누구든지 내 잘못을 지적해서 나의 체면을 잃게 해서는 안 된다'는 생각은 심각한 나르시시즘의 문제이다. 이는 너와 내가 하나의 자아로 합병된 공생 심리이다. 틀린 부분은 소멸되고 옳은 부분으로만 합병되기 때문에 옳고 그름의 문제가 생사의 문제가 된다. 반대로 나와 네가 분리되어 있다면 옳고 그름을 가리는 것은 중요하지 않게 된다.

어떤 사람은 매우 이성적으로 행동하는 것 같다. 말다툼에도 욕설을 내뱉지 않고 이기적인 면도 드러내지 않으며 아무 욕망이 없는 것처럼 행동한다. 그러나 이들이 사용하는 이성적인 언어에는 '내 말이 맞고 나와 의견이 다른 것들은 모두 잘못된 것'이라는 편집스러운 메시지가 담겨 있는 경우가 많다. 잘못된 것은 존재해선 안 되고 상대방에게도 존재해선 안 된다고 생각한다.

이런 편집스러운 생각은 원한 또는 파멸의 욕구로부터 비롯된다. 흥미로운 것은 이런 사람들은 대개 자기에게 깃든 증오와 원한을 인식하지 못한다는 것이다. 인식이 되는 이들도 이를 강하게 부정하며 회피하고자 애쓴다. '나의 의식'을 곧 '나'라고 간주하기에 나쁘다고 판단되는 일을 자신이 한다는 부담에서 벗어나고 싶은 것이다. 그들은 그 원한이 얼마나 강하고 파괴력을 가지는지 잘 안다. 그래서 '나'의 원한에 자신이 독살될까 봐 이런 감정을 멀리하려 한다. 대신 이성적 언어 표현으로 원한을 다른 사람에게 전가시킨다. 그들 대다수는 언어를 가지고 노는 데 대가이기에 그들의 말과 글에서도 결점을 찾기 힘들다.

잘못을 인정하지 않으면 잘못은 반복된다. 이는 어떤 개인이나 집단도 마찬가지다. 잘못을 인정하려면 잘못이 허용될 심리적 공간이 필요하다. 잘못을 인정할 줄 아는 것은 타협적이고 관용적인 모습의 표현이다. 반대로 잘못을 인정하지 않는 것은 과도한 나르시시즘과 편집증과 연결된다. 이제껏 항상 당신이 옳았다면 당신은 실속 있게 살아본 적이 없다는 진실의 반증이다.

두려움을 걷어내면
현실이 보인다

과도한 나르시시즘에 빠진 사람은 자신의 실제 능력보다 큰 인정을 갈망한다. 따라서 이들에게 호감을 얻으려면 칭찬해주면 된다. 나이가 들어도 쉽게 속는 사람이 있다. 외부의 현실을 받아들이지 않고 자신이 상상한 세계에 사는 까닭에 상대를 의심하지 않는 데 그 원인이 있다. 과도한 나르시시즘과 상상의 세계에서 살아가는 것은 많은 문제를 일으킨다. 어떤 일에도 도전하지 않으면서 자신의 능력이 뛰어나다고 착각한다. 자신이 무슨 일이든 하기만 하면 최고가 될 거라고 호언장담을 하기도 한다.

과도한 나르시시즘과 상상의 세계에 사는 것은 유아의 심리 수준과 마찬가지다, 세상이 자기 소망에 적극적으로 응답해주길 바라는 원시적인 갈구에서 비롯된다. 그래서 속임에 넘어가도 속는 기간 동안 자신의 갈망이 일시적으로 만족되었기에 분노하지 않는다. 그들이 가장 싫어하는 것은 이성적이고, 현실적인 성숙한 사람이 자신의 나르시시즘의 거품을 터뜨리는 일이다.

"현실에 살고 있는가, 아니면 상상 속에 살고 있는가?"

"현실에 살고 있는가, 아니면 감정 속에 살고 있는가?"

"현실에 살고 있는가, 아니면 나르시시즘 속에 살고 있는가?"

이 질문들은 자신이 실속 있게 살고 있는지 판단하는 구분점이다. 현실을 중심으로 사는지, 아니면 감정을 중심으로 사는지가 그 기준이다. 이때 중요한 점은 자신의 언행에 내재된 나르시시즘만을 감지할 수 있는지, 아니면 주변 사람들도 인식할 수 있는지의 여부에 있다. 자기 사고와 행동의 문제를 파악할 수 있다면 개선의 여지는 있다. 하지만 자기 자신은 인식을 하지 못하고 있고 주변 사람들만 그 문제를 인지한다면 그 덫에서 벗어나기는 어렵다. 왜냐하면 주변에서 문제에 대해 조언해주면 상상의 세계가 깨져버리기에 분노하고 자신의 능력이 평가 절하되었다고 여겨 견디지 못하기 때문이다. 이러한 경향으로 주변 사람들도 그 문제에서 차라리 외면해버린다.

사람은 감정(본질적 나르시시즘)에 휩싸일 때 현명하지 못한 결정을 내린다. 어려움을 겪으면 부정적인 감정에 빠지고 외부 세계가 자신의 상상에 부합하도록 요구한다. 그러면서 이 상상을 내려놓지 못해 외부 현실을 직면하지 않으려 한다. 외부 현실과 내부 나르시시즘 간의 심각한 충돌로 잘못된 판단임을 인식하지 못하는 것이다. 또한, 옳고 그름에 얽매여 있으면 사실 자체를 존중하지 못하게 된다. 옳고 그름을 가리는 심리는 다음과 같은 경향을 띤다.

"옳지 않은 내 행위가 피해를 줬어."

"내가 잘못한 거 같은데, 잘못을 범한 건 부끄러운 일이야."

"나는 이 사실을 직면하고 싶지 않아. 시비是非를 바꿔야겠어."

이런 심리를 가진 사람은 잘못된 자신을 바로잡으려 한다. 발생한 문제가 자신의 선택과 행동으로 야기된 사실을 인식하기 때문이다. 진실을 존중할 것이냐, 아니면 내가 옳다고 고집할 것인지가 관건인데 이 결정으로 성장과 성숙의 길이 결정된다.

우리는 너무 많은 시간을 옳고 그름을 가리는 데 소비한다. 정의를 실현하고 지키기 위해 시비를 가리는 것 같지만 내면을 자세히 들여다보면 두려움 때문이다. 자신이 옳고 그름에 집착한 것은 나르시시즘에서 비롯된 것도 있지만 자기 존재의 사멸에 공포를 느끼는 것이다. 잘못을 범한 자신이 부정되고 그로 인해 자기 역할과 책임이 소멸할지 모른다는 불안감에 휩싸이기에 생긴다. 내면의 나르시시즘을 인식하고 마음속 두려움을 덜어낼 수만 있다면 아름다운 현실을 받아들일 수 있다.

관계 사이에는
에너지가 흐른다

빅토르 프랑클Viktor Emil Frankl은 저명한 임상심리학자로 오스트리아 정신요법 제3학파인 로고테라피 학파의 창시자이다. 그는 "누군가를 몰입해서 사랑하고, 한 가지 일에 몰두하면 행복이 찾아온다."라고 말했다.

가장 피곤한 사람은 아무것도 하지 않는 사람이다. 해야 할 일도 거의 없고 교제할 친구도 적지만 언제나 피곤한 상태다. 주변 사람들도 그들이 왜 피곤한지를 이해하지 못하며 그들 또한 자신이 피곤한 이유에 대해 잘 모른다. 깊숙이 들여다보면 이들의 피로는 '내면의 갈등'에서 비롯된다. 사람이나 일, 사물과의 연계를 간절히 원하면서도 다른 한편으론 관계 맺기를 두려워하는 것이다. 두려움이 자신을 지배하고 엄습하면 관계에 대한 열망을 내면에서 억누른다. 하지만 관계를 맺는 것은 인류의 기본적이고 중요한 갈망이다. 따라서 내적 갈등은 과하게 에너지 소모만 불러오며 피로를 안길 뿐이다.

반면 의미 있는 바쁨은 오히려 일종의 자아 치유 방법이다. 자신이 좋아하고 흥미를 느끼는 일을 하면 피곤하지 않을 뿐만 아니라 더 활기찬 모습을 드러낼 수 있다. 좋아하는 일에 몰두하는 것은 사물과 관계를 맺는 것이다. 좋아하는 사람과 함께하는 것도 마찬가지다. 사람과의 관계가 맺어지면 기분이 더 즐거워지며 새로운 에너지가 생성된다. 의미 있고 좋은 관계는 삶의 통로로 흘러 연계가 이루어지면 활력의 최고 자양분이 된다.

명상과 정좌도 정신적 영양을 공급해주는 좋은 방식이다. 마음과 생각, 번뇌를 내려놓을 수 있다면 큰 효과를 볼 수 있다. 자양분이라는 표현이 부족할 정도로 마음이 평화로워진다. 깊은 수면도 사람에게 에너지를 준다. 머릿속 생각이 들끓으면 숙면이 어렵다. 어떤 이들은 차분해지면 이성과 의식이 마음속 깊은 고통을 깨우기 때문에 생각 비우기를 두려워하기도 하지만 수면은 몸의 휴식을 추구함이 아니라 끊임없는 생각들로부터 잠시 벗어나

심신의 안정을 취하는 단계이다. 짧은 시간이라도 수면을 유도하면 생각의 정리가 쉽고 차분하게 이루어진다.

우리가 좋아하는 일을 할 때는 쉽게 지치지 않지만 사람들과 교제할 때 쉽게 피곤함을 느낀다면 인간관계에 있어 긴장하고 있다는 의미다. 더 깊게 살펴보면 내면에서 관계를 갈망하는 동시에 관계에 저항하는 갈등이 아귀다툼하듯 대립하기에 외적 행동이 자연스럽지 못한 것이다. 마음과 느낌이 선행되지 않은 상태에서 머릿속에 오만가지 생각이 지나간 상태라고 할 수 있다.

자신만의 세계에서 자폐적인 외로움은 항상 맹목적인 생각으로 직결된다. 외로움을 견디는 수준은 사람마다 천차만별이다. 분별없는 생각으로 관계의 갈망에 저항하며 피로를 동반하는 것이다. 이런 피곤함 때문에 관계를 회피하기도 한다. 스스로 지치는 일을 만들고 싶지 않은 까닭이다.

우리는 완전한 깨달음을 얻지 못한 자아를 가지고 있다. 이런 자아에서 벗어나 외부와 관계를 맺기 위해서는 전환이 일어나야 한다. 자아가 고립된 상태에서는 외부 세계와 연결되기까지 페이스를 조절해 천천히 융합되어 가야 한다. 이때 의미 없어 보이는 행동들도 상태 전환에 도움을 줄 수 있다. 예를 들어, 나는 알람시계에 맞춰 일어난 후에는 반드시 핸드폰을 먼저 확인한다. 이런 행동이 나를 내면 세계에서 외부 세계로 진입하도록 이끌어 준다.

누구에게나 어떤 일에 있어서 적응과 전환의 시간이 필요하다. 느낌과 감정이 분출되어야 연결되기 쉽다. 성격과 성향에 따라 전환의 시간이 길어질 수 있다. 조급함으로 자신을 채근하기보다 자신에게 에너지를 줄 방법을 생각해보자.

나르시시즘 VS 일상

책임과 자유는 다른 의미이지만 맥이 통하는 단어들이다. 자유에는 책임이 따르고 책임을 다했을 때 자유가 주어진다. 또한, 자신의 나르시시즘이 강하게 작용한다는 의미의 관점에서 보더라도 자유와 책임의 무게감은 엄중하다.

미루기는 대상에 대한 신뢰 부족이 원인이다

심각한 미루기는 '절박함'에 대한 저항이다. 절박함이란 무엇을 반드시 해야 하며 완벽하게 완성해야 한다는 명령이다. 완성하지 못하면 '나'는 존재할 의미가 흐릿해진다는 의미다. 나에 대해 누군가 실망할 것이고 가능성이 없다고 여기며 신뢰를 철회할 것으로 판단하기 때문이다.

여기서 '누구'인 그 대상은 누구인가? 유아와 엄마 관계일 수 있고, 내면의 명령자와 집행자, 또는 외부의 명령자와 집행자일 수도 있다. 전능한 나르시시즘의 지배를 받는 아이는 세상(엄마 또는 다른 양육자)이 자기 뜻에 완벽하게 대응하기를 기대한다. 요구가 만족되면 아이는 자신이 신이라고 느끼지만 반대로 요구가 충족되지 못하면 분노하고 상대방을 미워한다. 그러나 아이는 엄마를 원망할 수 없다. 엄마가 사라지면 세상도 무너지고 자신도 존재할 수 없다는 것을 알기 때문이다. 따라서 이런 심리는 마음 깊이 내재화된다.

물론, 부모가 자녀에게 가혹하게 명령하는 가정도 적지 않다. 지시를 내리고 즉시 실행하기를 바란다. 또한 아이에게 불안을 전달하기도 한다. 그로 인해 아이는 절박한 심리적 동요를 겪는다. 이는 성장하면서 자기 행동력의 원인이 된다. 스스로 자신을 점검하는 초조함에 시달리게 된다. 그로 인해 무엇을 하든 자신이 완벽하게 잘할 수 있을 때 해야 한다고 믿는다.

습관성 미룸이 생기는 근본적인 원인은 '관계를 맺고자 하는 대상에 대한 신뢰'가 부족하기 때문이다. 부족한 신뢰를 충족시킬 만한 의미를 부여받지 못하는 것이다. 왜 그 일을 해야 하는지, 자신이 하는 게 맞는지 의구심이 든다면 당장 행동으로 옮기기 어렵다. 억지로 하게 된 일과 해야 한다는 의무감으로는 깊은 관계를 맺기 어렵다. 반항심이 생기고 미루게 된다. 따라서 미룸은 외로운 영혼의 필연적인 행위 표현이라 할 수 있다.

이와 상응한 행위는 습관성 지각으로 이는 가능한 한 자신의 세계에 많이 머무르며 다른 사람의 구역으로 들어가는 것을 거북해하는 심리에서 비롯된다. 다른 사람의 구역에 들어가면 주변 상황의 통제력이 약해지고 불편하다는 심리가 강해지기 때문이다.

미룸, 지각, 꾸물거림이 생기는 원인은 '되고 싶은 나'와 '될 수 없는 것'과 관련이 있다. 일을 미룸으로써 '스스로가 원하는 일을 할 때 나 자신이 될 수 있다.' 또는 '나의 의지가 살아 있다.'라는 증명이 된다고 믿는 까닭이다. 자신이 원하는 것을 하고, 되고 싶은 사람이 되기가 제한되고 금지되면 자신이 '하고 싶은 대로 하는 것' 또한 우리를 두렵게 한다. 그로 인해 자신에게 주어진 자유를 외면하게 된다.

일을 미루지 않으려면 갈등과 적의를 품지 않고 명령자가 적절한 집행자 역할을 맡는 상황에서 가능하다. 물론 수행자가 억눌리거나 위축되면 명령을 잘 듣는 수행자가 되겠지만 재미와 의미가 사라진다. 잘하려는 마음을 내려놓자. 가장 완벽하려 해서도 안 된다. 처음 접하는 일에서는 느릿느릿할 수밖에 없고 오히려 그런 모습이 자연스럽다. 더불어 능동적으로 자신의 꿈을 좇을 때 미루는 증상은 스스로 나아진다.

몰입하지 않으면서
몰입을 가정하지 마라

몰입의 두려움은 그 일의 '결과'에서 나타난다. 몰입했다면 자신이 심혈을 기울였다는 의미이고 노력했다는 증명이다. 그럼에도 결과가 좋지 않으면 자존감에 손상을 입는다. 자기 능력이 부정된 것만 같다. 심각한 경우 자아의 붕괴를 일으키기도 한다. 이 같은 요소를 방지하고 스스로 '나'의 존재를 지키기 위해 '나'의 몰입을 통제하는 것이다.

시간과 재능을 투자하기를 두려워하면서 좋은 성과를 거두려는 사람은 환상에 호소하기를 즐긴다. "내가 공부를 열심히 하기만 하면 너희보다 성적이 빨리 오를 거다."라고 장담한다. 공부에 몰입하지 않고 최선을 다하지도 않으면서 좋은 성적을 기대하는 사람들이다. 아니 어쩌면 좋지 않은 성과에 대한 핑계로 쓰기 위해 몰입하지 않는 것인지도 모른다. 이런 사람들은 집행되지 않은 자기 능력을 과대평가하며 환상에 빠질 수밖에 없다.

몰입하지 못하는 전형적인 예로 사랑을 들 수 있다. 한 사람에게 사랑의 신호를 보냈는데 거절당하게 되면 자아의 붕괴가 일어난다. 왜 거절당했는지 곱씹으며 자신의 부족한 점에 집중해 스스로 못난 사람을 만든다. 이후에는 사랑이라는 감정을 회피하고 정열적인 사랑의 감정을 두려워하게 된다. 그러므로 실패가 가져오는 자기부정을 막을 수 있다면 몰입이 훨씬 쉬워질 것이다.

자연스러운 연결은 모두 아름답다. 연결의 중요한 조건은 맑은 마음가짐으로 끊임없는 몰입을 통해 상대와 심오하고 친밀한 관계를 맺을 수 있다. 관계에 있어서 지혜보다 더 중요한 것은 '몰입'이다.

몰입의 최대 가치는 득실에 있지 않다. 외부 세계와 깊게 접촉하는 과정에서 자기 마음을 단련하는 데 있다. 자아가 완전해지기 전 상처는 아픔이지만 자아가 완성되면 모든 상처가 선물이 될 수 있다. 그러나 한 가지 주의할 점은 자신을 불태우되 자신을 괴롭히지는 말아야 한다는 것이다.

'내가 최선을 다하면 반드시 비범한 성과를 거둔다'는 생각은 오히려 노력할 수 없게 만든다. 노력하지 않고 몰입하지 않으면 이 가설의 영향력이 그나마 살아남기 때문이다. 자신은 비범한 성과를 거둘 수 있는데, 다만 노력하지 않았기 때문이라고 회피할 수 있는 공간을 남겨 두고 싶은 것이다. 진짜로 몰입하고 노력해서 이 가설이 틀릴 수 있다는 것을 스스로 '폭로'하고 싶지 않은 것이다.

결국, 자신이 완벽하다는 환각이 폭로될지 모른다는 두려움이 노력을 멈추게 만든다. 이런 심리는 복잡해보이지만 핵심은 간단명료하다. 세상 혹은 특정 대상이 자신의 소망에 정확하게 호응해주기를 바라는 요구이다. 그 소망이 정확하게 응답되는 순간 자신이 전능하고 완벽하다고 평가받는다고 여긴다. 그 결과 그는 어떤 것에도 몰입할 수 없다.

재능 숭배도 이와 관련이 있다. 특히 학생과 교사, 학부모는 성적이 좋으면 그 학생이 모든 방면에서 탁월할 것이라고 믿는다. 문학을 잘 이해하면 수학, 과학적 수준도 높을 것으로 판단한다. 그러면 그 당사자인 학생은 외로움을 견뎌야 하며 운신의 폭을 조이는 답답함을 느낀다. 재능 숭배의 폐해이다. 관계 맺음에 절대 도움을 주지 않는다.

역량은 사람이 사물과 깊은 관계를 맺는 데서 온다. 시간과 노력의 누적으로 사람과 사물 간의 관계가 점점 깊어진다. 자신이 파악한 정보와 지식이 '만나'는 과정이다. 그러므로 역량은 만남의 부산물이라 할 수 있다. 신의 한 수가 나타나는 것 또한 그 순간 관계가 맺음으로 생긴 현상이다. 그러나 순간적 영감을 의지해서는 안 될 뿐만 아니라 노력하지 않으면 초월적 순간을 기대할 수 없다.

지속적인 노력을 유지하려면 노력하는 과정에서 생긴 어려움을 잘 해결해 나가야 한다. 전능한 나르시시즘에 갇혀 사는 사람은 작은 좌절에도 자신을 실패자라고 생각해 나르시시즘이 무너

지는 상황을 초래한다. 자아가 단단한 사람은 특정한 일에 실패했다고 생각할 뿐 자아의 존재 자체를 부정하지 않는다. 지속해서 노력하고 몰입 가능한 사람은 지금 당장 이 일을 해내지 못하지만 노력해 언젠간 이와 관계를 맺고 장악할 수 있다고 믿는다. 반면에 그렇지 못하는 사람은 자신의 컨디션이 좋기를 신에게 기도한다.

몰입하고 집중하는 기간이 자신의 수준을 결정한다. 20분 동안 집중한 가치는 10분의 두 배가 아니라 기하급수적으로 증가한다. 한 시간의 집중력 가치는 10분의 집중력이 논할 수 없는 정도이다. 몰입도를 하루, 몇 달, 몇 년 동안 유지하면 결과는 비범할 수밖에 없다. 따라서 사람이 한 가지 일에 평생 집중하고 노력한다면 자신이 원하는 분야에서 무인지경無人之境에 도달한다.

진실함이
완벽함보다 낫다

진실한 모습으로 세월이 주는 희로애락을 거쳐야 우리 생명력이 단련된다. 이 과정에서 인생은 도약하고 경지에 이르는데 이것이 삶의 '진화'이다. 사업도 그렇고, 취미나 감정도 마찬가지다. 진실된 아름다움의 경험이 적으면 전능함이나 완벽함, 오만함이라는 망상이 형성된다. 진실한 아름다움은 언제나 두 명(또는 개) 이상의 사람(또는 사물) 간의 관계에서 비롯된다. 자신의 요구가 잘 충족되면 세상이 우호적이라고 느끼고 편하게 진실한 모습을 드러낸다. 반면 기본적인 요구가 거절되면 세상이 비우호적이라고 생각한다. 이때 자신을 보호하기 위해 복잡한 방어 체제를 가동해 뒤틀린 마음을 형성한다.

진실은 친밀한 관계를 유도한다. 효도는 때로 표면적인 조화만 유지해줄 뿐 진정한 사랑과 친밀함을 흐르게 할 수는 없다. 현실에서는 이런 일이 적지 않다. 자녀가 착하게 말을 잘 듣는 아이였을 때의 부모는 매우 흐뭇하다. 하지만 가정 분위기는 의외로 엄격하고 차갑다. 그러나 아이가 자신의 진실한 생각, 불만과 분노를 표현하면 부모와 갈등이 생기지만 결국 자녀와 부모 간 감정의 유대는 깊어진다. 서로의 마음을 알게 되기 때문이다. 우리도 이와 마찬가지다. 자기 마음을 감추고 위선적인 행동으로 관계를 유지하면 형식적인 관계로 끝난다고 만다.

진실을 두 가지 측면에서 살펴볼 수 있다. 자신의 진실한 모습을 받아들이는 것과 상대의 진실한 모습을 받아들이는 것. 적지 않은 사람이 완벽한 상대의 출현을 기대하며 완벽한 기준을 제시한다. 인간관계는 일방적인 배려나 관심보다 상대의 진실한 모습에서 잊었던 사랑이 발견된다. 서로에게 진실하기는 생각보다 어려운 일이기에 더 귀하다. 화해는 여기서 시작된다.

한 사람의 인생이 풍성할 수 있는지는 그가 많은 사람과 좋은 관계를 형성했는지에 달려 있다. 여기서 '깊이 있는 삶'이라는 표현을 사용하지 않은 까닭은 깊이 있는 삶은 척박할 수 있기 때문이다. 풍성하고 생기 있는 삶이 진실된 삶이기에 깊이 있는 삶보다 우선 된다. 깊이만 있고 생기가 부족한 삶은 관계의 결여로 척박할 뿐이다.

관계 경험이 부족하더라도 상대와 공감하고자 노력하면 순수한 관계가 될 수 있다. 상스러운 것을 멀리하려는 작용원리가 마음에서 우선 적용되기 때문이다. 사람은 마음이 잠잠해지고 몸과 마음이 모두 열리면 평범해보이는 일과 연계를 맺는다. 이때 뇌는 사물을 판단해 자신이 추구하는 이상을 기준으로 순수하거나 심오한 것을 구분하여 자신의 행동과 사고를 결정한다.

우리는 자신이 최대한 완벽하고 우호적인 사람으로 보이길 원한다. 그래서 다른 사람의 시선을 두려워하고 사람과의 깊은 접촉을 피하기도 한다. 사람들이 자신의 진짜 모습, 비참한 모습을 발견할까 봐 두려운 것이다.

자신을 중심으로 한 완벽한 세계는 환각이다. 환각을 타파해야 진실한 관계를 맺을 수 있고 애틋한 감정이 생긴다. 예를 들어, 자신이 완벽한 세상을 만들었다고 가정해보자. 하나라도 훼손되면 안 되고 모두 가치 있는 것들로만 채워져 있다면 이 완벽한 세상의 첫 파괴자는 가족이 된다. 그들은 완벽한 세상의 장식으로 존재하고 싶어하지 않는다. 다른 한편으로 그들은 서로 사랑하기 때문에 진실이 배제된 완벽한 세상에 현혹되지도 않는다.

표면적으로 완벽주의는 완벽함에 대한 추구이지만 과도하게 완벽을 추구하는 것은 내면의 두려움과 이해해주는 사람이 없는 무기력한 마음을 감추기 위한 작용이다. 더 깊게 살펴보면 자신의 자아로 뒤덮인 세상에서 모든 것을 통제하려는 시도이다. 그 결과 통제 불가한 곳에서는 악마가 된다. 외로운 상태일수록 완벽하려는 의지는 강해진다. 어떤 것이든 자기 자신과 연계가 되어야 외로움에서 벗어날 수 있다. 굳이 사람이 아니어도 된다. 진정으로 좋아하는 일이나 취미생활도 도움이 된다.

진실이 존재하지 않으면 관계는 껍데기일 뿐이다. 그러므로 완벽하지 않은 자신을 드러낼 용기와 마주 설 때 자신의 존재를 인정받을 수 있다. 하지만 우리는 진실한 내 모습을 드러내기에 주저한다. 볼품없는 자신이 스스로도 마음에 들지 않는다. 상대에게 드러남(보임)을 허락하지 않음으로써 자신이 완벽해보일 수 있다고 착각하는 것이다. 그러나 단언컨대 이는 의심과 의구심만 불러올 뿐이다.

완벽함은 행복과 인연이 없다. 완벽한 이미지 때문에 자아까지 파괴하기도 한다. 진정한 행복을 좇고 완벽한 껍데기에 매몰되지 마라. 진실은 완벽함보다 낫고 더 중요하다. 언제 어디서든 진실한 모습으로 세월의 세례를 거쳐야 우리의 생명력이 단련된다. 인생의 비전 또한 도약할 수 있다. 사업도 그렇고, 취미와 감정도 마찬가지다. 진실한 모습의 유일한 판단 기준은 관계에서 풍성하고 에너지 넘치는 느낌을 받았느냐는 것이다.

어떤 이는 성숙해보이지만 사회 규칙을 장악했을 뿐 심성이 단련되지 않았다. 어떤 이는 침착함과 고개를 숙이는 것을 배웠을 뿐 마음은 여전히 자신만 사랑받기를 갈망한다. 진실을 가장한 성숙함이 자신의 내적 생명력을 갈아먹어 외부 규칙에 고개를 숙이는 것이다. 기억하자, 진정한 자아(욕망, 갈증 등)를 세상에 보여줘야 성숙해질 기회가 주어진다.

나르시시즘보다
자신감의 효과가 크다

적지 않은 사람이 습관적으로 거짓말을 한다. 그중 일부는 진실한 자아를 감추기 위해 거짓을 꾸며댄다. 자신의 진실한 정보를 부끄럽게 느끼고 다른 사람과 교제할 때 자신의 정보를 수정해서 보여준다. 진실한 자아를 드러냈다가 긍정적인 반응을 받지 못했을 때 그에 따른 수치심을 피하기 위해서다. 예를 들어, 한달 수입에 대한 질문받았을 때 사실보다 높거나 낮다고 대답하는 것과 같다. 이는 이익이나 도덕과 상관없이 자기 보호의 방식이다.

사랑, 도덕, 상처, 연약함, 절망은 "나는 좋은 사람이야!"라는 호소이기에 상대적으로 해결하기 쉬운 감정이다. 반면 증오, 욕망, 적대감, 원한은 "나는 나쁜 사람이야."라는 의미가 내재돼 있기에 해소하기 어렵다. 자기 존재의 핵심을 깨달아야 가능하다. 우선 진실한 인간성을 대면하고 중립적인 태도로 마주하자. 그리고 내면에 깃든 감정을 찬찬히 들여다보자. 어느 것 하나 중요하지 않은 감정이 없지만 자신을 성장시키는 감정이 자기 내면의 주류를 이뤄야 한다. 그래야만 긍정적인 생명의 흐름을 깨닫는다.

우리의 사회 관계는 공생하려는 강한 의지를 지니고 있다. 관계 철학은 기본적으로 공생을 위해 존재한다. 이기적 사고가 통하지 않는 영역이다. 그 결과 교활한 사람은 집단이나 타인을 위한 명분을 내걸고 사적 이익을 도모하고, 어수룩한 사람은 진심으로 이기적이지 않으려 노력한다.

이기적이지 않은 사람은 자신이 경험해보지 않은 상황과 감정에서 타인의 이기심에 대한 허용도가 낮다. 하지만 타인의 이기심을 탓하기 전에 자신을 먼저 잘 보살펴야 한다. 그리고 자신이 편안할 세상을 구축하는 데에는 적당한 이기심이 필요하다. 이기심이 자기 요구나 감정을 드러내게 한다. 또한 상대에게 자신에 대한 이해를 이끌고 관계를 용이하게 주도할 수 있다. 이기심을 적절하게 잘 관리할 수 있으면 다른 사람의 이기심에 포용력도 보여줄 수 있다.

삶의 진실과 내면의 진실을 대면하는 것은 매우 힘든 일이지만 그만큼 가치가 있다. 사회 현상에 대해 우리는 몸과 마음을 열어야 한다. 자기 보호를 위해 부득이하게 몸과 마음을 닫더라도 무엇이 불편한지 왜 자신을 폐쇄하기로 선택했는지를 기억하라. 마음을 비추는 사랑이 없고 바라보는 따뜻한 눈빛이 없으면 자기 존재가 환영받지 못한다고 느낀다. 그럴수록 마음을 열기 위해 노력해야 한다. 마음을 닫고 시선을 돌려서는 안 된다. 열린 틈으로 사랑이 들어오고 관심의 빛이 보인다. 먼저 상대에게 문을 열고 사랑이 전달되도록 온기를 전하자. 그래야만 사랑이 흘러들어 고민과 문제를 해결할 힘을 준다.

어떠한 상황에서든 진실한 사람이 되고자 노력하라. 가장 좋은 상태는 사고와 언행이 일치하고 생각과 느낌이 일치하는 것이다. 물론 자기 보호를 위해 진실하지 못한 말을 하기도 한다. 거짓이라는 판단이 있지만 불가피하게 감행해야 하는 경우이다. 이때 중요한 것은 자신의 진정한 감정을 진실하고 정확하게 감지했느냐 하는 점이다. 자기 자신까지 속여서는 안 된다.

자기 성장은 완벽함으로 발전해 나가는 것이 아니라 진실한 모습으로 나아가는 것이다. 완벽을 기대하는 것은 자신의 모든 요구를 받아들이면서 부정적인 감정을 보이지 말라는 바람이다. 이

게 가능한가. 분명 어리석은 생각이며 알고도 잘못된 길로 들어서는 바보이다.

거짓된 삶은 사람을 속이기 위한 허위가 아니라 자신을 속이는 가짜 자아이다. 진실하려면 사람을 속이지 않으면서 자기 생각을 표현해야 한다. 또한 자기를 기만하지 않아야 한다. 이를 자기 인식과 의지로 해내야 한다. 그러나 자기를 기만하지 않는 것은 잠재의식을 인식해야 하기에 매우 실천하기 어렵다. 그래서 진실을 실천하는 삶은 수행의 길과 같다. 거짓된 모습으로 살아가는 것은 수행이라 할 수 없다.

나르시시즘을 갖는 것은 비교적 쉽지만 자신감을 갖기는 매우 어렵다. 나르시시즘은 천성이고 진정한 자신감은 어떠한 조건과 상관없이 자신을 사랑하는 마음에서 비롯되기 때문이다. 사회적·경제적 조건에 자만하는 사람은 내면에 허약하고 버림받은 자아가 존재한다. 거만함과 자신감은 다르다. 자신감은 진실한 관계에서 나타난다. 이 관계는 자신과 자신, 자신과 타인의 관계를 모두 아우른다. 자신의 우세한 조건을 내세우면 거만이 되지만 좋은 조건임에도 진실함이 동반되면 자신감이 되고 응원받는다. 그런데 다른 사람이 자신의 좋은 조건만을 보고 우러러본다면 겉으로 즐거울 수 있지만 마음 깊은 곳에서는 외롭다.

희망과 근심, 공포와 불안 가운데 그대 앞에 빛나고 있는
하루하루를 마지막이라고 생각하라. 그러면 예측할 수 없는 시간은
그대에게 더 많은 시간을 줄 것이다.

호레스

PART 2

내 안의 외로움

✧

초연결사회를 이끈 과학 문명의 발달은 아이러니하게도 개인에게 외로움을 더해주고 있다. 비대면 시대와 인터넷 상거래, 재택근무 등 편리성이 더해진 만큼 더 쉽게 혼자만의 세계에 머물도록 만든다. 특히 사회적 비중이 적고 관계를 잇지 못하는 이들은 소외되고 분리되어 자신을 패배자로 생각한다. 그리고 좌절감과 실패감을 모면하기 위해 스스로 내면에 파묻힌다.
외로움에 갇혀 있다면 주위를 돌아보자. 자신, 관계, 가족, 사랑에서 외로움의 탈출구가 보인다. 사람은 누구나 외롭다. 단언컨대 외롭지 않은 사람은 없다. 다만 외로움에 대처하는 방법이 다를 뿐이다.

나 더하기 외로움

외로움에 사로잡히지 말자. 혼자라고 느끼는 순간 더 혼자가 된다. 자기 통제와 이해받기 원하는 마음이 외로움을 부른다. 스스로 외로움을 견디고 있다면 타인을 의식하는 시선을 거두고 자신을 더 많이 바라봐 주자.

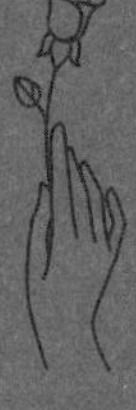

외로움이 찾아와
문을 닫았다

우리 개개인은 선의로 살고 있는데 아이러니하게도 세상은 악의로 가득 차 있다. 어둡고 악한 세상에서 마음의 문을 닫아도 문제는 해결되지 않고 삶의 두려움과 불안만 커질 뿐이다. 우리 내면에 존재하는 적개심과 불수용不受容에서 비롯되는 문제다. 이는 소통하지 못하고 세상과 타인을 불신하는 데 그 원인이 있다. 그로 인해 삶이 외로워진다. 따라서 외로움을 즐기지 못하는 사람은 반드시 마음의 문을 열고 나와야 한다.

외로울 때 가장 무서운 것은 다른 사람과 세상이 어떤 모습인지 혼자 극적으로 상상해 진실에서 멀어진다는 것이다. 이는 더 굳건한 단절만 부른다. 마음의 문을 열고 교류를 시작해야 한다.

반드시 마음속 생각을 외부 세계에 투사하고 검증하자. 이 과정에서 얻은 현실 세계를 내면에 흡수시켜라. 인간의 정서는 관계와 교류에서 수련받을 수 있다.

극도의 완벽주의는 외로운 '나'와 연결되어 있다. '나'만 감지되는 1차원적 세계에서 살고 있다. 1차원적 완벽한 세상에서는 '나'의 의지가 정확히 반영된다. 자기 의지와 세상이 합일되기에 '나'도 완벽한 존재가 된다. 하지만 이들이 2차원 세계로 나가면 좌충우돌하면서 모든 일에 갈등과 혼란을 겪는다.

우리는 먼저 자신이 완전하지 못하다는 부족함을 감지해야 한다. '나' 외에 다른 사람의 존재를 먼저 인정해야 2차원적 세계로의 진입이 순조롭다. 타인의 존재를 인정하는 단계에서 우리는 완벽할 필요도 없고 완벽할 수도 없다. '나와 너'가 만났을 때 비로소 완벽함이 탄생한다.

'나'가 내부 세계라고 하면 외부 세계는 '너'이다. 개인적으로 접근해 그 본질을 따지면 '나'와 '너'는 각자 완벽한 존재이다. 그러나 상대의 완벽함을 깨닫기까지 천산만수千山萬水를 경험해야 한다. 이 과정에서 먼저 자신의 부족함을 느끼게 된다.

1차원적 세계에 사는 사람은 자신과 타인을 강요하는 경향이 있다. 자신을 세상의 중심이라 생각하니 자신을 포함한 만사와 만물이 자기 의지에 귀를 기울여야 한다는 지론이다. 이렇게 독단적인 사람들도 2차원적 세계에 들어서면 다른 사람의 존재를 인식하고 '나'는 다른 사람을 강요할 수 없다는 점을 알게 된다. 관계 맺음의 어려움과 고난이 여기에서 시작된다. 그러나 힘들어도 세상으로 나가야 한다. 외로움은 우리를 위로해줄 수 있어도 시간이 지나면 곤경으로 전환되고 종국에는 돌파할 수 없는 어려움으로 변질된다. 관계 속의 부족함이 외로움보다 낫다.

자아를 봉쇄하는 생활방식은 내부 순환에서 완성된다. 상상으로 천만 가지 감정을 자신의 세계에서 소화하고 발전시키고 썩게

한다. 상상력이나 컴퓨터를 통한 외부 세계와 맺어진 연계는 현실 세계와 '충돌'을 피하는 도구가 된다. 이는 회피이며 자기만의 세계 구축이다. 그 안에서 안전하기를 바란다. 실제로 타인의 방해나 간섭이 없기에 안정감을 느낀다.

그러나 내부 순환에 의지할수록 사람은 자신의 해석을 좋아한다. 감정과 관계는 두 사람의 일이지만, 그들의 머릿속 생각은 혼자의 놀이다. 이들은 두뇌 활동이 발달해 우수한데 뇌가 공부처럼 혼자서 하는 일을 잘 처리하기 때문이다. 그러나 뇌의 이성을 사용해 감정을 해석하면 큰 문제가 생기고 억측에 빠질 수 있다. 심할 때는 피해망상증을 부르기도 한다. 머리로만 세상을 바라보는 사람은 치밀해보이지만 다른 사람의 정보를 수용하지 못한다. 자신의 요구가 부정적인 자극을 받으면 이를 괴로워한다.

자기 통제는 외로움을 부른다

현실 세계는 때로 혼란스럽다. 질서가 있어도 사회적 움직임과 현상이 혼란을 초래한다. 사람 대 사람의 관계와 관련된 일이 부딪히면서 자연스럽게 일어난다. 반대로 머릿속으로 상상한 세계는 극도로 명확하고 질서정연하다. 질서가 명확하고 단순할수록 무서운 편집증을 보일 확률이 높다. '모든 것이 좋다 혹은 나쁘다'는 이분법적 기준으로 판단한다. 이처럼 너무 단순하고 극단적인 사고방식에는 끔찍한 폭력성이 숨어 있다.

외롭거나 다른 사람과 정서적 관계를 맺지 않는 사람은 두뇌로 외부 세계를 해석한다. 그 결과 그들은 지나치게 체계적이고 적대적인 세계를 상상한다. 이것이 극단적으로 발전하면 적대감을 품고 있는 체계가 자신을 박해하고 있다는 피해망상을 부른다. 모든 것이 분명하고 눈에 띄는 원인을 가지고 있다고 생각하는 뇌가 저지르는 과도한 해독이다.

동기론은 인간관계에서 흔히 볼 수 있는 사고방식이다. 나의 행위를 발기한 상대의 동기가 순수한지 아닌지를 고려하거나, 더불어 나 자신의 행동과 동기가 순수한지를 반성하는 것이다. 그러나 동기에 지나치게 관심을 쏟으면 관계를 어렵게 할 경향이 높아진다. 인간관계 구축에 소비되는 에너지가 많아 소통에 매우 피곤함을 느끼기 때문이다. 아니면 또 다른 극단으로 자신을 고립시켜 사람들과 교제하지 않는 방향으로 진전되기도 한다.

동기론의 핵심은 상대의 동기가 순수해야 그를 받아주고 관계를 맺는다는 것이다. 마찬가지로 나의 동기가 순수하니 그와 관계 맺기를 원한다고 생각한다. 이런 절대적인 옳음의 추구는 나쁜 것을 제거하기 위함이다. 이 '원칙'을 지닌 사람은 관계에 있어 조금의 나쁨도 용납하지 못한다. 상대의 동기가 나쁘다고 판단하면 좋은 일이더라도 거짓이라고 단정 짓는 것이다.

자기 통제는 때로 마음을 타인에게 전달하는 것을 방해하고 친밀한 관계를 맺지 못하게 한다. 자기 통제의 절차 설정은 의도적이거나 무의식적으로 몇 가지를 지정하고 철저하게 지키며 생활한다. 만약 이 절차대로 행동하지 못했을 경우 매우 괴로워한다. 이들은 자신의 괴로움을 피하고자 절차가 깨지지 않도록 인간관계를 최소화한다. 가족과의 교류조차 통제를 강화하는 경향을 지니는데 집밖에서 일어나는 활동을 축소하는 데 절차의 안정성을 유지하기 위해 자극을 줄이려는 노력이다. 절차가 인간관계에서 온 자극에 가장 취약하기 때문이다.

응답 없는 궁지에서
외로움이 자란다

휴식으로 모든 피로가 완화되지는 않는다. 외로움의 피로는 내적 소모로 인해 발생한다. 마음에서 '나'와 '너'라는 두 개의 캐릭터가 양자 간에 끊임없는 갈등으로 피로를 유발한다. 이러한 피로는 휴식으로 완화할 수 없다. 휴식할 때도 여전히 마음속 분열이 계속되기 때문이다.

왜 이럴까? 외로운 사람은 내면에 어두운 면이 많기 때문이다. 외로운 마음은 완전히 고립된 상태로 그 허전함을 부정적인 인간성으로 가득 채운다. 이런 사람은 의식적으로 노력하고 의도적으로 선의를 추구해도 무의식 속에 깃든 어둠이 잘 사라지지 않는다.

사람들과 관계가 맺어지면 상호 작용적인 시스템이 구축된다. 내면의 빛과 어둠을 인간관계에 투사하고 외부 세계의 빛과 어둠을 다시 내면 세계에 반영하여 새로운 내면을 형성하게 된다. 인간관계의 질을 자기 내면의 어둠과 빛의 비율과 일치하도록 조절하는 것이다.

모든 관계에는 이용, 유혹, 이기심, 질투가 존재하지만 관계가 확립되면서 사랑과 선도 발생한다. 반대로 외로움과 폐쇄는 어둠을 초래하고 완전한 어둠을 낳는다. 그러나 그렇게 자아를 폐쇄하는 사람의 내면은 마귀로부터 자신이 받을 공격을 막기 위함이다. 그들이 모르는 것이 있다면 외적 마귀 또한 내면의 마귀를 투사한 결과라는 것이다.

관계의 연결은 선이고 마음의 호응과 현재는 지선支線이다. '단절'은 어둠을 초래한다. 사람은 외로울수록 내면의 어둠에 잠식된다. 어둠이 두려워 좋은 사람이 되려고 노력하지만 눌러두었던 외로움이 폭발하면 어둠을 드러내고 파괴적 정서를 보인다.

완전한 외로움은 우리의 생명력을 썩게 한다. 내면의 어둠은 외부와 상호작용할 기회를 잃고 빛의 존재를 상상할 수밖에 없다. 생명력은 기본적인 응답조차 받지 못하면 어두운 에너지로 변화한다. 따라서 외로움에 빠지면 빛이 차단된다.

응답 없는 곳은 궁지窮地다. 궁지에서 자란 사람은 상대방에게 응답하지 못할 경우 자신을 좋아하지 않는다고 습관적으로 생각한다. 혼자만의 판단으로 단정 짓고 관계의 호전을 기대하지 않는다. 만약 어떤 사람이 관계에서 응답을 받지 못한 상황이 많다고 호소한다면 이 점을 일깨워주어야 한다.

"네가 존재하기에 내가 존재한다."라는 격언은 '신이 존재하기 때문에 내가 존재한다'라는 의미이다. 이를 확장하면 당신의 응답을 받기 위해 내 소리가 존재하고 내게 생명력을 부여한다고 해석할 수 있다. 그러므로 응답의 질은 인간관계 질의 근본이다.

한 사람이 얼마나 좋은지, 남에게 얼마나 희생하는지, 얼마나 재능이 많고 돈과 능력이 많은지 알 수 없어도 양질의 응답을 주고받지 못하면 관계에서 큰 문제에 직면할 수 있다. 따라서 응답의 방법과 호응의 과정을 의식적으로 연습해야 한다. 마찬가지로 양질의 응답을 제공하는 것만큼 중요한 것은 자신의 소리를 내고 욕구를 표현하는 능력이다.

관계는
서로를 비추는 거울이다

인생은 나르시시즘에서 출발한다. 이후에는 끊임없이 나르시시즘을 깨는 과정이 필요하다. 이는 말로 하기는 쉽지만 실행하기는 어렵다. 대부분이 이와 반대로 성장하고 발전하는데 깨야 할 나르시시즘을 누적해 자신에 대한 평가를 점점 높인다. 그 결과 외로움에 갇히고 사회로 향하는 문도 닫힌다. 그런데도 자신은 이를 전혀 인식하지 못하고 있다.

그래서일까. 많은 사람은 사회가 자신의 마음보다 어둡다고 느낀다. 자신은 마음이 착하고 밝지만, 외부 세계는 추악하고 더럽다고 판단한다. 이러한 생각은 나르시시즘과 자기 보호 메커니즘

(자기기만)이 작용한 결과이다. 그러나 이들이 외부 세계로 깊숙이 들어간다면 자기 내면 세계의 이해도가 점차 깊어지고 관계와 소통이 치유적이며 밝다는 사실을 깨닫게 될 것이다.

따라서 '네가 존재하기에 내가 존재한다'라는 설정은 관계의 본질이다. 관계는 자신이 누구인지를 알 수 있게 도와주는 거울이다. 거울로서 관계는 진실을 반영한다. 자기가 스스로 깨닫지 못했던 자신을 보여주며 정신적 성장을 이끈다. 사람은 관계의 동물이다. 신뢰를 바탕으로 반드시 사람 또는 사물과의 관계에 힘을 기울여야 한다.

전능한 나르시시즘이
관계의 장애물일까

자신을 사랑하면 상대를 자기 시스템에 끌어들인다. 이타적 사랑은 자신이 상대방의 시스템에 들어가는 것인데 진정한 사랑은 두 사람이 각자의 시스템에서 걸어나와 만나는 것이다.

유아는 자신이 신이라고 생각한다. 자아와 만물을 구별하지 않고 만물과 혼연일체라 인식하며 자신의 의지에 따라 세계가 움직인다고 생각한다. 울기만 하면 요구가 무조건 받아들여지는 상황이 이어지므로 이런 생각이 가능하다. 이때 올바른 부모의 사랑은 아이를 원시적 나르시시즘에서 벗어나게 하고 모두 독립적인 존재라는 것을 알려준다. 그래야만 아이에게 다른 사람의 욕구

또한 존중할 수 있는 바탕이 형성된다.

사랑은 연계이다. 원시적인 외로움에 갇힌 사람은 실연한 사람이다. 사람 간의 연계가 단절되어 있기 때문이다. 연계를 끊은 정도가 심각할수록 사람은 자신을 신이라 여기며 외부 세계가 자신의 의지에 부합해야 한다고 생각한다. 그렇지 않으면 불안과 불쾌감에 빠진다. 상대방을 배려하거나 이해하지 않고 그저 자신에게 반항하고 있다고 생각한다. 이에 따른 분노는 상대방의 생각, 행위 등 모든 것을 파괴하려 든다. 많은 폭력성이 이와 관련 있다.

자신을 지나치게 억누르는 사람도 자신이 신과 같다는 나르시시즘일 수 있다. 그들도 쉽게 분노를 느끼지만 관계를 유지하기 위해 분노를 억누른다. 그러나 통제력을 잃는 순간 그들은 파괴적인 폭력성을 띨 수 있다.

다른 사람에게 부탁하지 않거나 작은 성의 표시에도 부담을 느끼는 것도 관계의 손상과 관련 있다. 한 방울의 은혜도 용솟음치는 샘물로 보답해야 한다는 생각으로 다른 사람의 도움을 모두 기억하고 빠짐없이 갚는다. 그렇게 하지 못하면 괴로워하는데 이는 자신의 나르시시즘 손상에서 비롯된 것이다. 빚지는 것은 좋지 않다고 보는 행위이기에 좋은 사람, 특히 신격인 자신은 남에게 빚지지 않는다는 가치를 실현하려는 것이다. 이런 지나친 예의는 외로움에 갇힌 사고에서 생겨난다.

세상에 유아 독존의 상태는 없다. 아이는 엄마와 가족관계로 맺어져 있다. 아이가 엄마와 양호한 관계에 있으면 자신과 엄마를 하나로 생각한다. 반면 자신의 요구가 묵살된 경험이 많은 아이는 자신과 엄마 간의 사이를 떼어 놓고 두 개의 존재로 인식한다. 따라서 아이에게 엄마는 타인이 되고 받은 은혜를 갚아야 자신이 좋은 사람이 된다는 생각을 한다.

에너지 넘치는 엄마와 아이의 관계는 둘이 한몸이라는 느낌을 준다. 이러한 관계에서 엄마와 아이는 서로를 즐겁게 한다. 그러나 관계력이 약하면 아이는 관계에서 에너지가 흐른다는 것을 알지 못하고 형식적인 좋은 관계만을 추구하게 된다. 네가 나를 위해 희생해주니 나도 희생해서 그것을 갚겠다는 정형적인 생각만 하게 되는 것이다.

이런 아이는 성인이 되어도 학습된 관계를 개선하기가 힘들어진다. 에너지 넘치는 관계를 맺어보지 못한 사람은 인간관계를 구축하면서 초조함을 느끼게 된다. 눈치 빠르게 상대방의 모든 것을 포착하려 한다. 하지만 이런 노력이 오히려 반응을 둔하게 만든다. 예기치 않은 당황스러운 상황이 부닥치면 그들은 긴장하고 대처 방법을 몰라 헤맨다. 자신이 긴장하고 있다는 것조차 인식한 못한 채로 우왕좌왕하는 것이다.

눈치가 빠르다고 공감 능력까지 뛰어나다고 볼 수 없다. 두뇌의 추측 능력이 뛰어나다고 보는 게 맞다. 눈치는 두뇌의 논리를 이용해 상황을 분석하기에 상대방의 감정까지 감지하지 못한다. 이들은 자신이 느끼는 불안과 두려움만 집중한다. 따라서 눈치가 상황의 발전에 기여하지는 못한다. 오히려 나쁜 방향으로 생각하게 된다. 이러한 사람은 불안과 고독 속에서 어린 시절을 보냈을 가능성이 크다. 주변 사람과 감정적 유대를 맺기 어려워 추측으로 관계를 맺기에 이들의 '판단'은 혼자만의 상상, 심지어 망상일 경우가 많다.

관계 맺음이 이루어지기 전에 우리는 언제나 상대방을 판단한다. 여기서 한 가지 질문이 제기될 수 있는데 "내 판단에 얼마만큼의 확신이 있는가?"라는 문제이다. 판단에 대한 확신이 강할수록 안정감과 통제력을 주지만 그렇지 않을 가능성의 여지는 언제나 남는다. 더 중요한 것은 자기 확신은 다른 사람에게 강제한 이미지이며 일종의 침입이다. 따라서 그 판단이 옳다고 하더라도 타인에 대해 단정적으로 판단하고 정의 내려서는 안 된다. 더구나 우리의 판단은 틀릴 가능성이 더 크다. 선입견과 편견을 불러와 관계의 파국에 불씨가 된다.

확고함의 이면에는 모호함이 존재한다. 모호함은 사람에게 불안을 주기도 하지만 많은 가능성을 제시하기도 한다. 창의력을 측정하는 기준 중 하나가 모호함을 용인하는 능력이라는 사실을 기억하자. 자신의 판단에 대한 강한 확신은 높은 나르시시즘을 의미하기에 자신만의 세계에서 머물게 한다. 자신의 사고와 연계를 맺고 접촉하며 관점을 확고히 다지므로 창의력이 낮을 수밖에 없다.

그 해결 방법은 무엇인가. 큰 원칙은 소통과 해명이다. 우리 판단은 언제나 하나의 가설에 불과하다. 반드시 당사자의 확인을 받아야 진실이 밝혀진다. 상대와 소통해야 이면을 볼 수 있다. 관계에서 부딪히며 진정한 모습을 이해하게 된다. 이는 '현실 테스트 능력'이라 불리는데 이 검사를 거치지 않으면 자기 판단은 망상이 된다.

만약 당신이 인간관계에 능숙하지 못하다면 자신을 먼저 돌아보자. 자신이 상대와 관계 형성을 갈망하고 만족한다면 괜찮지만, 충족되지 못했을 경우 '나'는 이 갈망을 '분노'로 전환하고 있는지를 살펴야 한다. 분노가 쌓이고 있는데 표출하지 못하면 내향적으로 변해 자신을 공격하게 된다.

자기애적 분노는 연약함의 표현이다. 이러한 분노는 외부 세계를 가리키면 외향적인 파괴력이 되고, 자기 내부를 가리키면 자신을 파괴해 관계에 있어 소극적으로 변하게 만든다. 외적 파괴력과 내적 연약함의 본질은 같다. 그들의 갈망은 항상 외나무다리를 걸으며 하나하나 충족되면 생동한 생명을 경험하고 좌절하면 죽음의 힘과 파괴 욕구를 쏟아낸다.

감정에 상처를 받은 사람은 끈질기게 상대의 사과에 집착한다. 또한 그 사과에는 성의가 충만해야 하고 자기 기대에 부응해야 한다. 그래야 상대를 용서할 수 있다. 하지만 이런 행동이 관계의 파괴를 가져온다. 사람을 지치고 피곤하게 만들어 관계에 악영향을 준다. 사과에 집착하는 것은 자신의 나르시시즘을 지키기 위해서지만, 상대도 자존심을 지키기 위해 성의가 충만한 사과는 하기가 힘들다. 따라서 스스로 자기애를 용납하는 것처럼 상대의 나르시시즘을 존중하면 사과의 의미가 달라진다. 자신의 연약함을 너그럽게 받아주는 것처럼 상대방의 연약함도 배려해 주어야 한다. 그것만이 관계의 시스템에 윤활유가 된다.

감정적 상처를 심하게 입은 경험이 있다면 상대의 사과나 보복에 집착하는 것도 어느 정도 이해가 된다. 하지만 사소한 말다툼에서조차도 과도한 사과를 요구한다면 이는 생각해봐야 한다. 자신의 내면적 연약함으로 인한 집착일 수도 있기 때문이다. 물론 사소한 충돌에도 마음이 찢길 수 있지만 상대방이 잘못을 인정한다면 문제를 봉합하고 수습하는 데 더 신경을 써야 한다.

전능한 나르시시즘을 가진 사람에게 사과를 요구하는 행위는 전능의 붕괴를 초래한다. 그동안 세운 자아의 와해를 의미하므로 어떤 일이든 자발적인 사과는 어렵다. 이들은 문제가 발생하면 외부 요인에서 원인을 찾고 그 탓을 돌릴 대상을 찾는다. 자기 마음의 짐을 내려놓고 책임에서 벗어나려는 것이다. 그러나 이는 자기 내면의 나르시시즘에 가중되는 압박이 된다. 진심 어린 사과로 문제를 해결하는 방법을 배우면 오히려 자기 나르시시즘의 손상을 줄일 수 있다.

이해받기 원하거든
친밀감을 높이자

친밀함은 깊은 이해와 포용에서 오는 연결감이다. 연결이 서로를 이어주며 친밀관계를 구축하도록 돕는데 남성과 여성이 조금 다르게 작용한다. 남성은 이성과 논리에 호소하고 여성은 감성에 호소하는 경향을 띤다. 물론 개인 성향에 따라 다르게 나타날 수 있다. 사실 논리와 감성이 친밀감에 어떻게 영향을 끼치는지 우열을 가릴 수는 없다. 관계는 서로에게 고통을 주는 동시에 서로를 치유해주기도 하기 때문이다.

상대가 부족함이 많더라도 그와 관계를 형성하는 것은 친밀감 때문이다. 사람마다 결점이 있지만 두 사람 사이에 친밀한 관계가 맺어지면 용납되고 이해할 수 있다. 자신의 단점 또한 상대가 배려해준다. 자신에게 친밀한 존재가 있다는 사실은 인생을 사는 데 있어 에너지를 얻는 것으로 삶에 보이지 않는 위안과 힘을 준다.

상대와 이성적 연계는 합의를 이룰 수는 있지만 친밀도를 높이지는 못한다. 정서적 연계가 친밀감의 밀도를 높여 대화나 취미활동에 도움이 된다. 신체상의 연계는 두뇌 간의 연계보다 훨씬 쉽다. 성적 요소는 그중 매우 직접적인 신체 연계이다. 따라서 좋은 성적 관계는 친밀함에 대한 직접적인 증거로써 관계에 매우 특별한 의미를 준다. 그러나 더 나아가 내적 에너지가 가득 찬 정서적 경험을 하게 되면 성의 즐거움은 아무것도 아니라는 것을 알게 된다.

에너지로 가득 찬 상태는 자신감이 내면에 깃든 상태이다. 자신의 장점이나 존재 이유를 발견하면 부족함이나 단점, 결점은 스스로 인정하고 받아들이게 된다. 생활이 에너지로 가득 찰 수 있는 것은 '너'라는 거울을 통해 '나'가 완전히 비추어지는 상태다. 외부 세계에 자신이 온전히 감지되고 받아들여지고 있다는 느낌이 내적 에너지를 솟게 한다. 반면 혼자 있을 때보다 사람들과 어울릴 때 진정한 자신에게서 더 멀어짐이 느껴진다면 이는 오히려 자신을 더 외롭게 만들 수도 있다.

현대인들은 일상생활만으로도 과로하고 피곤한 상태다. 그로 인해 자기 삶의 방식의 문제를 인식하지 못한다. 주어진 일과 목표 혹은 과제에 밀려 하루하루를 살아간다. 친밀한 관계를 위해 시간을 내고 에너지를 써야 하는 것에 피로를 느끼는 사람도 많다. 그러나 친밀관계에서 자신의 마음이 위로받고 포용되면 귀속감과 통제감이 주는 안정에서 과로가 해소된다. 과로를 스트레스로 받아들이기보다 즐길 줄 아는 진정한 삶을 깨닫게 되는 것이다.

친밀관계에서 진정한 자기 모습을 드러내는 것이 상대방의 요구를 충족시키는 것보다 중요하다. 누군가를 좋아한다면 위선적 모습보다 부족하더라도 진솔한 모습으로 대해야 신뢰를 쌓을 수 있다. 그리고 동등한 자격과 위치를 확보해 평등한 존재임을 분명히 인식해야 한다. 사회적 지위와 높낮이는 친밀관계에 적용되지 않아야 하는 게 맞다. 어떤 결정이나 합의가 따라야 친밀관계에 유대가 깊어진다.

마음에 자리 잡은 사람이 가슴을 뜨겁게 한다

사람이 성장하는 과정은 고독을 견디는 법을 배우는 과정일 뿐만 아니라 마음에 사랑하는 사람을 담아두는 과정이기도 하다. 마음에 한 사람이 존재한다는 것은 외로움과 완전히 다른 개념이다. 영국의 심리학자 리딩 위니코트Reading Winnicott가 말한 '원시적 모성애 관심'은 마음에 아이를 담고 있는 어머니를 보여준다. 어머니는 언제 어디서나 자연스럽게 아이를 먼저 생각하고 걱정한다. 그러나 마음에 아이가 없으면 아이를 존중하고 배려하기 위해 엄청난 노력을 기울여야 한다.

오스트리아 출신의 미국 정신분석학자 하인츠 코후트Heinz

Kohut는 자기 심리학自己心理學을 제기했다. 자체自體는 자발적으로 객체와의 관계에서 자신의 에너지를 흐르게 하고 각종 신호를 외부로 보낼 수 있다. 객체는 이 신호에 반응해 자체의 에너지 흐름을 허용하고 자신의 에너지로 응답을 준다. 즉, 관계가 이어지는 사이에는 각자의 에너지가 이어지고 서로의 에너지에 반응해주며 존재감을 확인한다.

모든 것이 풍요로운 현대인들은 아이러니하게도 마음에 품은 대상이 없어 외롭다. 이들은 혼자 있는 상황이 되면 지옥에 갇힌 듯 답답해하며 심지어 자연스럽게 죽음을 떠올리기도 한다. 프로이드 이후의 정신분석가들은 객체 관계 이론을 주장하며 객체가 존재해야 자아가 존재한다는 관점을 제기했다. 가족, 친구, 동료 등 사람과 연결된 관계의 네트워크가 사회적 지지 시스템이라는 것이다.

외로운 사람은 관계 네트워크에서 이탈해 고립된다. 그러나 사회적으로는 그들을 구제할 방법이 작동되지 않는다. 약에 의존하더라도 '일시 정지' 효과밖에 거둘 수 없다. 사랑할 대상을 찾는 것이 가장 빨리 외로움에서 벗어나는 길이다. 대상이 꼭 사람이어야 할 필요는 없다. 마음을 쏟고 자신의 에너지를 베풀 수 있는 존재라면 가능하다. 한걸음 외로움 밖으로 나오면 사람도 사랑하게 된다.

마음에 누군가를 담아두면 상대를 대할 때 따뜻함과 온유한 온도가 그에게 전달된다. 상대는 전달된 마음에 위로를 받고 에너지와 행복을 느낀다. 반대로 마음에 아무도 존재하지 않으면 언행이 통제되지 않는다. 감정이 무질서해지고 자신에 대한 기대감이 무너져 누구에게든 반감을 가지게 된다. 이들은 마음에 단 한 번도 누구를 담아본 적이 없어 관계 형성에 서툴다. 이 점을 이해하면 그를 따뜻하고 너그럽게 포용해줄 수 있다. 그로 인해 상대도 변화하고 마음에 사람을 품을 수 있는 사람으로 거듭난다.

우리는 상대로부터 응답받기 원하고 영향력이 발휘되기를 원한다. 특히 좋아하는 상대에게는 자신의 언행이 반응을 일으킬 수 있다고 믿는다. 그러기에 말투나 행동이 부드러워지며 상대의

요구에도 부드럽게 응한다. 하지만 상대의 마음에 자신이 존재하지 않는다는 사실은 괴롭다. 상대의 마음에 들어가지 못했다는 자책감과 부끄러움이 들기 때문이다. 이런 경우에 자신이 말이나 행동이 아무런 영향력을 발휘할 수 없다는 사실까지 깨닫는다면 통제하는 방식으로 상대에게 영향을 주려고 한다.

인간관계에서 상호작용은 매우 중요하다. 서로 다른 의견과 부정적인 감정을 수용할 공간과 면적이 필요하다. 인간관계에서 감정 소모가 발생하는 원인은 자신과 다른 견해와 부정적인 감정을 수용할 마음의 공간이 좁기 때문이다. 상대방에게 약간의 공간도 허용하지 않고, 오히려 스트레스를 가해 자신과 일치하도록 강요하는 지경에 이르면 관계는 깨진다. 불편하지만 이를 수용하는 사람은 상대의 눈치를 보고 자극하지 않기 위해 소극적으로 임한다. 하지만 이를 거부하면 관계는 어긋나고 유대는 끊어진다.

타인을 용납하는 정도가 우리 마음의 크기를 결정한다. 여기에 더불어 타인이 어느 정도까지 자신을 마음에 담아주었는지에 따라 마음의 넓이와 폭이 정해진다. 일방적으로 상대를 이해해야 할 처지라면 그 마음의 크기는 크지만 깊이는 얕을 수 있다. 반면 여러 사람의 마음에 자신이 담겨 있는 걸 알게 되면 자신감이 생기고 자존감이 올라가 더 많은 이해와 관심을 베풀게 된다.

신뢰는 깊고 깊은 물이다. 누군가를 신뢰하면 마음의 문을 열게 된다. 그러나 문을 개방하면 찬바람도 들어올 수 있고 심하면 칼처럼 우리의 마음을 도려내기도 한다. 하지만 마음에 내재된 따뜻함과 온기는 상처를 아물게 하고 찬바람의 위력을 잠재운다.

문제는 타인에 대한 신뢰가 부족해 마음의 문을 닫은 사람들이다. 이들은 마음의 문을 열자마자 바람과 서리를 경험했기에 문을 여는 데 두려움이 있다. 사람 간의 신뢰가 형성되지 않았고 감정적 연계가 부족한 까닭에 관계 맺음에 어려움을 느낀다. 주변 사람과 관계를 돈독하게 하며 신뢰를 경험해야 한다. 사람에 대한 신뢰를 회복 과정은 매우 길고 어렵지만 아름다운 경험임은 분명하다.

사랑은 가려지지 않고 숨지 못한다

누군가에게 적개심을 가지고 있다면 그와 관련된 정보는 미리 차단되는 경향이 있다. 자신에게 피해를 주었거나 의견 대립에서 패했을 경우 상대에게 적개심이 유발되는데 무조건적 적의가 작동되기도 한다.

삶의 에너지에는 허락과 인정이 필요하다. 에너지의 함량을 높이려면 깊은 유대감과 개인 간의 친밀함이 돈독하게 뒷받침되어야 한다. 어설픈 관계보다 마음이 통하는 깊은 관계에서 강한 에너지가 발산되며 상대의 에너지를 수용할 폭도 더 넓어진다.

새로운 관계에서도 높은 수준의 에너지가 유발되는데 일상에

신선한 자극과 새로움이 공급되기 때문이다. 물론 반대의 경우도 자주 발생한다. 건강하지 못한 관계는 우리를 점점 위축시킨다. 감정의 대립으로 자신감을 잃게 되는 것이다.

사람에게는 세상의 긍정적인 응답이 필요하다. 응원해주는 다독임과 자신을 인정해주는 한 마디가 에너지로 전환된다. 그러나 이를 순수하게 받아들이지 못하고 적개심과 의구심을 품는다면 긍정적인 응답은 단절된다. 그러므로 자기 마음에 포진하고 있는 적의를 먼저 소멸시켜야 한다.

외로움이
자신을 공격하게 놔두지 마라

시인 루미는 자신의 시에서 “당신이 본 세상, 모든 것이 거울이고, 너와 나도 서로의 거울이다.”라고 표현했다. 너와 나 사이는 삶의 동력이라는 은유적 표현이다. 정신분석학에서도 “관계는 모든 것이며, 모든 것은 관계를 위한 것이다.”라고 언급한다.

“나는 너에게 가 닿고 싶지만 그렇게 해도 되는가?”라는 물음은 자신의 언행 동기가 된다. 사람과의 관계에서 ‘너’는 인물이지만 특정 영역에서 큰 성과를 거둔 사람은 종사하는 일이 ‘너’가 된다. 이 사람이 자신의 동력을 ‘너’에게 온전히 쏟았기에 좋은 성과를 얻은 것이다. 따라서 관계 맺음의 상대를 단지 사람으로 제한하지 말고 성취할 대상에 두어도 좋다.

물론 성취는 일방적일 수 없다. 동력을 대상에게 쏟아야 하며 정보도 최대한 흡수해야 한다. 우리는 이것을 '현실'이라 부른다. 자신과 대상의 관계가 관찰 가능한 형태로 연출되기 때문이다. 좋아할수록 대상을 분석하고 파악하려고 연구한다. 스스로 더 적극적으로 매달릴 수 있는데 여기에서 열정이 나온다.

그러나 자기 동력이 대상에게 확장될 수 없다고 판단되면 환상에 의존하게 된다. 상대를 감지하지 못하는 상황에서 자신의 환상을 대상에게 강요하면 위압적 상황이 초래되는 것이다. 심각한 짝사랑이 바로 그 예이다. 일방적인 감정의 통보이기에 상대가 이에 호응하기 어렵다. 부담스럽고 혹여 예상치 못한 상황이 발생할까 두려워한다.

따라서 자기 동력이 상대에게 자연스럽게 닿는 환경을 조성해야 한다. 시간과 정성을 들이고 투자해야 한다. 동시에 상대의 선의와 사랑을 받을 준비를 하면 좋다. 자기 동력을 순수하게 전달하려면 사소한 일상에서 이해와 배려가 동반되어야 한다. 여기에 상대가 반응하면 환영하는 메시지를 전달하면 좋다. 만약 상대가 동력 확장을 거부하고 심지어 반응 자체를 억압한다면 잠시 시간을 두어야 한다. 급할수록 돌아가라는 말이 여기에 적용된다.

가장 무서운 것은 치명적인 외로움이다. 아무도 상대해주지 않으면 외부 세계에서 완전히 거부당한 경험으로 인해 외부로 뻗어 나갈 동력을 잃게 되고 타인의 동력을 받아들일 기회까지 단절된다. 관계의 상호작용에서 상처받을 기회조차 없기에 자신을 완전히 폐쇄시키게 된다.

완전한 외로움을 견디고 있는 사람은 자신의 동력을 펼치지 못한다. 무의식적으로 '나'는 악마이며, 나의 동력(공격성)을 뻗으면, '너'는 파괴될 것이고, '너'도 악마이기에 너의 동력이 내게 닿으면, '나'도 파괴될 것이므로 서로 상대하지 않는 것이 가장 좋다고 생각한다. 외로움이 자신의 '사회적 관계'를 코너로 몰아넣는 것이다.

관계의 발전은 IQ와 무관하다. 오히려 지능이 매우 높은 사람은 관계의 상호작용이 매우 부족한 경우가 많다. 그들은 자신에게 맞는 대화 상대가 없다는 이유를 대며 세계를 완전히 닫는다. 그리고 그 안에서 여러 겹의 부정적 생각을 파생시키고 스스로 자신을 괴롭힌다.

따라서 인생 법칙 중 하나는 일정하게 사회적 관계를 유지하고, 자신이 사랑하는 일에 헌신하는 것이다. 이는 성취를 위한 것뿐만이 아니라 자기 동력을 수련하기 위함이다.

어느 심리전문가를 찾은 내담자는 자신의 내면 세계를 옥수수

밭에 비유했다. 부모와 형제들이 옥수수밭에 침입해 잔인하게 짓밟고 파괴했다는 것이다. 한편으로 가족의 영역에는 그녀의 진입을 허락하지 않았으며 들어가려면 노예의 신분이 되어야 한다고 요구했다.

우리는 이를 자신의 상황에 적용해 질문해볼 수 있다.

사람들은 어떻게 내가 일군 밭에 들어왔는지, 그들이 밭에서 무엇을 했고 또 무엇을 남겼는지, 나는 타인의 밭에 자유 출입이 가능한지. 그들은 쉽게 자기네 밭의 출입을 허용하는지 따져 보는 것이다. 이에 전제되어야 할 요소가 있다면 모든 사람은 비옥한 내면의 밭을 일구고 싶어 한다는 것이다. 이러한 밭은 그들에게 무한한 잠재력을 제공하기에 성장하고 사랑받는다. 그렇다면 관계를 맺고 있는 그들과 자신이 이 밭을 공유하고 있는지 물어봐야 할 때이다. 전적으로 공유하는지, 일부만 개방하는지, 한쪽만 일방적으로 드나드는지에 따라 관계의 구도를 알아볼 수 있다.

진정성은 자신에 대한 깊은 이해를 달성하도록 돕는다. 더 나은 내가 되려는 의지가 만들어낸 자아로 모두 우리 마음에 두고 있다. 사랑이 스며든 내면 세계가 외부로 드러나면서 의도적으로 좋은 사람이라는 이미지를 추구하는데 여기에는 진정성이 바탕이 되어야 한다. 자신이 부족하다고 느끼거나 만족스럽지 않을 때, 사회적 기준에 부합하지 못한다고 판단할 때 우리는 진정성을 잃어버린다. 내면에 깃든 사랑의 함량이 적거나 어두운 면을 보여주고 싶지 않을 때에도 자기 본연의 모습을 감추고 싶은 충동을 느낀다. 진정성을 뒤로 한 채 자신이 위장한 모습이 더 사랑받을 것이라는 확신에서 나오는 언행을 하게 된다.

마음에서 일어난 진정한 행동만이 관계의 자양분으로 작용된다. 자기 존재를 증명해주는 증거로 쓰인다. 다른 이를 의식해서 생겨난 행동 체계는 아무리 좋아 보여도 진정한 자신이 아니다. 이 점을 깊이 이해하지 못하면 무감각하고 억눌린 삶을 살게 된다. 타인이 중심이 된 삶은 스스로 독립 의지를 꺾는 것과 같다. 타인을 중심으로 한 삶은 진정한 자기 모습으로 사는 것이 아니기에 항상 아쉬움이 따른다. '사랑'은 상대의 비위 맞추기가 아니다. 진정한 자아로 사랑하는 사람과 부딪쳐 깊은 관계로 발전해가야 한다.

사랑이 변하면
증오가 된다

"사랑한다는 것을 어떻게 증명할 것인가?"

이 문제에 나르시시즘이 강한 사람은 증거를 찾는다. 첫째, 나를 위해 아파한다. 둘째, 나를 위해 미친다. 셋째, 나를 위해 기꺼이 죽을 수 있다. 이런 증거를 보며 그들은 매우 기뻐한다. 그리고 표면적으로 "네가 나에게 주는 만큼 사랑을 주지 못해서 미안해."라는 식의 반응을 보인다. 물론 나르시시즘의 수준이 더 높은 사람 중 대놓고 기뻐하는 사람도 있다.

사랑을 확인하려는 사람은 자신의 최악을 상대에게 보여줄 때 진정한 사랑이 증명된다고 생각한다. 하지만 사랑하는 사이에서 자꾸 구원받고자 하면 비극으로 몰고 갈 수가 있다. "나를 위해 기꺼이 죽을 수 있어?"라는 말처럼 무식한 질문은 없다. 또한 가장 높은 수준의 나르시시즘을 가진 사람은 '너는 나를 위해 기꺼이 죽을 수 있어야 하지만 나는 너에게 아무것도 해주지 않아도 된다'라는 자의식에 빠지기도 한다. 다르게는 "나는 너를 위해 죽을 수 있는데 너도 그렇게 할 의향 있어?"라고 유도하는 것이다.

성숙한 자아를 구축하지 못한 사람은 상대방이 자신을 위해 희생하고 목숨까지 희생하는 사랑을 갈망한다. 그들은 사소한 일에서도 생사를 논한다. 사랑이 생명보다 더 소중하다는 가치를 드러내며 자신의 중요성을 증명하려 든다. 이들은 진정한 사랑을 원하는 것처럼 보이지만 진짜 원하는 것은 나르시시즘이다. 자신의 존재 가치를 증명하기 위한 도구로 사랑을 이용하는 것이다.

"나는 너를 증오한다. 그러나 너는 매우 중요한 가치를 가지고 있기에 나를 떠나서는 안 된다. 나의 모든 불행과 고통은 너로부터 시작되었으며 모두 너의 책임이다."

이런 증오의 감정을 사랑으로 착각하고 상대를 옥죄는 이들이 있다. 이 논리의 진실은 자아가 너무 허약하다는 것이다. 이를 모르는 사람은 그 책임을 상대에게 돌린다. 탓할 수 있는 대상이 없을 경우에는 심각한 자기부정과 자기 공격을 자행한다. 성숙한 자아를 구축하려면 자신을 부정하고 공격하는 생각을 멈춰야 한다.

사랑하는 사람에게 '비정했다'는 마음의 동요가 시작되면 이를 끝내려는 생각이 자신을 지배한다. 자신의 비정한 태도나 행동이 큰 죄책감을 불러일으킬 수 있기 때문이다. 죄책감이 너무 무거워서 감당할 수 없게 되면, 내향적인 죄책감은 외향적인 공격성으로 전환된다. 미안했던 대상을 괴롭히며 상대의 반응에 따라 "네가 이랬기 때문에 내가 그런 결정을 한 거야."라며 자신을 합리화시킨다. 따라서 이런 성향의 사람에게 너무 많은 빚을 지게 하지 마라. 그들의 부담감이 커지면 미안함도 증오로 변한다.

건강한 관계는 '너와 나'가 평등하게 유지되지만 약탈적인 관계는 '나와 그것it'이 된다. 상대를 '그것'으로 바라본다면 비인간적인 존재로 여겨 착취에 죄책감을 느끼지 않는다. 하지만 건강한 관계는 서로 인격적인 존재로 인정하고 사랑하기에 착취 자체가 불가능하다.

사랑이 자신을 성장시킨다는 사실을 믿어라

사랑하는 사람이 존재하지 않으면 자아는 흩어진다. 사랑이 자아를 응집시켜 상대를 위해 힘과 에너지를 쏟도록 돕는다. 어느 때는 폭발적인 전투력을 제공해주기도 한다. 여기에는 진심 어린 사랑이 뒷받침되어야 하는데 그래야만 사랑하는 자와 사랑받는 자가 하나가 될 수 있기 때문이다.

진정한 사랑의 중요한 기능은 자아의 한계를 돌파하고 통합을 달성하는 데 있다. 사랑을 얻으려면 자아는 때로 '죽을' 수 있어야 한다. '희생'과는 차원이 다른 의미이다. 자신을 높이고 내세우기보다 사랑하는 대상을 위해 양보한다는 의미이다.

사랑은 '나'와 '너'의 만남을 추구하는 것이다. 어떤 사람은 네가 날 사랑하지만 나는 널 사랑하지 않는 관계를 선호하고, 어떤 사람은 내가 일방적으로 사랑하는 것만으로도 만족감을 느낀다. 전자는 자신이 주체이고 다른 사람은 객체가 된다. 반면 후자는 자신이 기꺼이 객체 역할을 맡는다. 그러나 진정한 사랑은 '나'와 '너'가 융합되는 순간, 주체와 객체 간의 구분이 사라지는 순간에 이루어진다. 두 사람 간의 깊고 포괄적인 영혼 교류는 진정한 자신을 찾게 해준다.

우리는 사랑하는 과정에서 상처도 받고, 미움을 포함한 여러 가지 감정을 경험한다. 모두 사랑의 존재를 믿기에 교감하려는 과정에서 파생된 감정들이다. 그러므로 구체적인 과정에서 파생되는 작은 문제는 적당히 간과해도 무방하다. 말 한마디, 하나의 행동을 시시콜콜 따지지 마라는 말이다. 서로 득이 되지 않을 뿐더러 불신을 조장하게 된다.

사랑을 경험해보지 못한 사람들은 사랑이라는 감정이 솟아오르는 것을 두려워한다. 사랑이 생기는 순간 자신의 비천함이 드러난다고 여기기 때문이다. 그러나 사랑이 이를 감싸주고 다독여주고 벗어날 용기를 준다는 사실을 알게 되면 사랑이 자랑스러워진다.

"나는 이 사람이 좋아."라는 말은 마음의 문을 완전히 열어 상대의 흠과 결을 보듬겠다는 의미이다. 동시에 그 사람의 아름다운 자질이 자신이 목표하는 '이상적인 자아'라는 인정이다. 그 결과 자신의 일부를 상대방에게 투사해 사랑을 이어가게 된다.

'사랑'에는 너무 많은 함의가 담겨 있기에 이해하기 어려울 수 있다. 이를 '애착'이라고 단순히 생각해보자. 애착을 거절하면 상대의 깊은 감정을 믿지 못하는 것으로 애정이 쌓일 기회조차 만들지 못한다. '모순 애착'은 상대를 믿지만 자신의 행동으로 애착을 잃을까 극도로 두려워하기에 마음이 흔들리는 상태이다. 그로 인해 끊임없는 긴장과 경계심이 유발되는 관계가 지속된다. 시간이 흐를수록 상대는 만남이 즐겁지 않고 자연스럽게 헤어질 빌미를 찾게 된다. '안정 애착'은 상실을 두려워하지 않고 마음 깊이 사랑을 품는 심리다. 사랑에 후회가 남지 않는 방법이기도 하다. 그러나 일방적이어서는 안 된다는 단서가 붙어야 한다.

'내가 좋아하는 사람은 나를 좋아하지 않고, 나를 좋아하는 사람은 내가 좋아하지 않는다'라는 생각은 자신의 마음이 사랑을 바로 보지 못하는 결과이다. 자신이 먼저 마음을 열고 수용적으로 상대를 받아들여야 사랑이 보인다. 자신이 원하는 조건이나 환경만 내세우면 사랑은 포장되거나 위장되어 동상처럼 서 있을지 모른다. 서로 교감이 안 되는 상태로 보여주기식 사랑이 된다는 말이다.

자신이 간파한 그기보다 훨씬 큰 사랑을 상대가 품고 있을 수 있다. 사랑이라는 감정이 자신을 놀리지 않도록 마음의 문을 열어야 다른 사람의 사랑이 흘러들어 온다. 그래야 자신의 사랑도 흘러나가고 두 사람 간의 깊은 감정이 쌓일 수 있다.

사랑은 우리 삶을 활성화시킨다. 행복과 기쁨도 사랑에서 나온다. 사랑한다는 것은 우리의 신체와 감정을 가지고 내면에 있는 가장 큰 두려움을 극복하는 일이다. 모든 감정이 자유롭게 흐를 때 사랑이 완성된다. 사랑하게 되면 외로움이 사라지고 온전하게 자아를 발전시킬 수 있다. 서로의 거울이 되어 각자 자신의 존재를 인정하고 받아들이게 돕는다. 사랑이 더 완벽한 자아가 형성될 토양을 제공하는 것이다.

관계 더하기 외로움

외로움도 상대적이다. 자기 안에서 샘솟는 것 같지만 관계에서 유발된 외로움이 더 심각하게 작용한다. 관계에서 유발된 분노나 대립의 상황에서 이해받을 수 있을지 고민하지 말자. 솔직하게 표현하고 진솔하게 상대와 맞설 때 외로움이 사라진다.

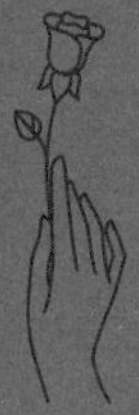

나르시시즘이 강한 부모는 아이를 망친다

전능한 나르시시즘은 '나는 무엇을 해도 옳다'라는 갈망에 그 초석을 두고 있다. 이를 증명해내기 위해서는 거울을 필요로 하는데 정신분석가 하인츠 코후트는 이를 '거울 전이'라고 말했다. 아이에게 거울의 역할은 엄마가 비교적 쉽게 맡는다. 거울 역할이 잘 수행되면 아이와 엄마는 일체가 되어 간다는 의미이다. 그러나 중요한 것은 일체가 아니라 아이의 내적 동력이다. 그들의 에너지는 내면 세계에 갇혀 있기를 거부하고 외부 객체 어디든 흐르기를 원한다.

능력이 강해질수록 아이는 독립을 갈망한다. 이 과정에서 아버지도 관계에 참여하게 되는데, 아버지의 이성·질서·감정은 엄마와 아이 사이의 융합적인 연결고리를 갈라놓고 때로는 '단절' 시키기도 한다. 이때 엄마와 아이 사이에 틈이 생기고 점차 커져 둘 사이에 극복하지 못할 공간이 생기기도 한다. 반면 부성에 강한 애착을 보이는 아이도 있다. 엄마에게서 채우지 못했던 감정의 여백을 아빠를 통해 얻는 것이다. 그리고 부모의 사랑을 아이가 체화시키면서 아이의 내적 성향이나 요구에 따라 접목하고 발전시킨다.

마음의 성장은 복잡한 과정이며 한곳에서 머물지 않는다. 마음의 성장을 위해 유아기의 '거울'은 이처럼 매우 중요하다. '거울' 없이 아이의 에너지는 흘러나오지 못한다. '거울' 역할에 대한 충족이 성장의 시작이다. 이후 아이의 마음은 관계에서 분리되고 복잡해지고 독립적으로 발전하는 것이다.

부모와 자녀의 관계는 사랑을 중심으로 성립된다. 감정적 차원에서 발전되며 평등하다. 그러나 부모는 대부분 아이에게 순종을 강조한다. 감정적 차원이 아니라 힘의 차원을 강조하고 권력 관계로 변질시키는 것이다. 그로 인해 일부 가족은 감정 교류가 결여된 채 권력 싸움만 거듭한다.

우리가 자신을 객관적으로 평가하지 못하는 원인은 자기 마음

속 거울로 자신이 누구인지, 어떤 사람인지를 비추어보지 않은 까닭이다. 어린 시절부터 일방적인 보호를 받았거나 자기 의지를 표출하지 못하고 성장했을 경우 자신에 대해 고민하지 않는다. 간혹 부모, 또는 양육자가 강한 자기애에 빠져 자녀에게 관심을 쏟지 않았을 때도 마찬가지다. 자기 존재에 의구심을 가지지 않기에 자신이 누구인지 반문하지 않는 것이다.

나르시시즘이 강한 양육자는 자기 투사projection와 자신의 응답을 다른 사람에게서 찾느라 바쁘다. 특히 통제 가능한 자녀가 자신에게 준 관심과 반응을 찾는 데에 매우 적극적이다. 그러나 아이의 느낌과 감정이 어떠한지 관찰할 능력이 없고 그들의 관심 밖의 일이다.

아이는 스스로 객관적인 거울을 형성하기 어렵다. 부모라는 거울을 통해 처음으로 자기 모습을 비추어본다. 그러나 나르시시즘이 강한 부모가 아이의 모습을 잘 보여줄 거울이 될 거라고는 기대할 수 없다. 이런 부모는 자녀를 교육할 때 자신의 권력과 권위를 보여주기 위해 훈계하기를 즐긴다. "네 일은 내가 결정할 거고, 내 말에 따르지 않으면 대가가 따를 것이다."라는 논리를 기반으로 한다.

따라서 아이의 잘못은 부모의 위엄, 즉 나르시시즘을 손상시키는 부분에서 나온다. 이런 부모는 신이 되고자 하며 특히 자기에게 의존할 수밖에 없는 아이들 앞에서 더욱 두드러지게 발휘한다. 자녀에게 화를 참지 못하는 부모는 이 점을 반성해야 한다.

우열에
의미를 부여하지 마라

아이는 부모에게 의지할 수밖에 없다. 모든 보물은 부모가 가지고 있다는 심리의 작용이다. 특히 유아기에는 엄마의 유방에 원시적 질투심을 느끼는데 이는 우열을 가리는 시작점이다. 유아는 태어난 후 몇 달 동안 전능한 나르시시즘 속에서 산다. 이때 아이가 엄마로부터 보살핌을 잘 받으면 자신이 신이라고 느낀다. 이러한 오만함은 엄마와 자신이 하나라는 공생관계에 기반을 둔 환각이다. 그러다 현실을 구별하는 능력이 생기면 아이는 엄마와 자신이 서로 독립적인 존재임을 깨닫는다. 공생과 환각은 이때 깨진다. 아이는 엄마가 대단한 능력을 발휘한다고 알게 되며 엄마를 신처럼 여긴다. 동시에 자신의 무력함을 깨닫는다.

엄마를 신처럼 인식하는 순간이 오면 아이는 중요한 선택에 직면하게 된다. 엄마가 자신을 사랑하는 선한 신이라면 자발적으로 그 권위에 고개를 숙인다. 그러나 엄마가 악한 신이라면 강함을 인정하면서 고개는 숙일지라도 원시적인 나르시시즘이 반응해 '내가 가장 강한 사람이다'라고 속마음을 새긴다.

선한 엄마에게는 고개를 숙이면서 아이는 감사하는 법을 배운다. 엄마와 감정을 공유하는 관계를 맺었기에 둘 중 누가 더 높은 위치에 있느냐는 문제가 되지 않는다. 자연스럽게 평등한 관계가 확립된다. 그러나 화풀이의 대상이 되거나 돌봄을 받지 못한 아이는 엄마를 의지할 수밖에 없는 상황에서 강한 반감을 가지게 된다. 이런 관계에서 부모나 양육자가 "내가 너를 위해 희생했어."라고 말한다면 매우 치명적이 상황이 된다. 부모에게 빚을 졌으며 부모만큼 강하지 못하기에 부모의 말을 반드시 들어야 한다는 의미를 담고 있기 때문이다. 이런 관계에서 아이는 부모의 힘과 권세에 고개를 숙이는 법을 배우지만 기회가 생기면 반란을 일으킨다. 그리고 부모는 이전의 아이와 다른 모습에 당황해하고 강압적으로 제압하려 든다. 그로 인해 갈등의 폭은 커지고 접점을 찾지 못하게 거리감이 생기는 것이다.

반항기의 아이는 자신의 나르시시즘을 지키기 위해 '나는 자식으로서 아직은 약하니 부모를 의지한다는 것'으로 생각한다. 핏줄로 이어진 관계일 뿐 부모에게 의지하는 자신이 낫다고 여기진 않는다. 아이의 나르시시즘이 심각하면 '내가 부모님 덕에 먹고살지만, 그래도 난 엄마 아빠 위에 있다'라고 생각한다. 스스로 자기 생각이 타당하지 않다는 사실을 알지만 부모를 의지할 수밖에 없는 상황에서 자기 자존심을 지킬 방법으로 선택한 것이다. 이런 심리는 아이가 성장할수록 누적되고 확대되어 나중에 큰 문제가 될 수 있다.

평등한 사회라고 하지만 인간의 사회적 관계는 높낮이를 가리고 권력을 쥔 사람과 이에 복종하는 자로 나뉘어 있다. 이런 상황

에 통제되고 권위나 권력을 가지지 못한 부모는 자녀를 괴롭혀 자신의 존재감과 자존심이 회복되기를 원한다. 그만큼 아이를 자기 의지대로 키우고자 정신적 압박을 놓지 않는다. 아이를 통한 대리만족을 꿈꾸며 강요하는 것이다.

본질적인 문제는 나르시시즘이다. 과한 나르시시즘이 자기 목소리에 외부 세계가 반응해주기를 갈망하는 것이다. 권력을 쥐면 외부 반응이 더 잘 확보되고 선망의 대상이 되기에 사람들은 관계에서 권력을 좇는다. 비록 형식적인 반응이거나 의례적 예의 혹은 인정일지라도 자신의 나르시시즘을 위해 포기하지 않는다.

관계에서 사랑을 체험하지 못하면 사람들은 우열을 둘러싸고 다투고 높은 자리에서 통제감을 유지하려 노력한다. 나르시시즘과 권력 추구는 근본적으로 지배의 초조함 때문이다. 내 위치가 더 높고 힘이 더 강하면 상대를 지배할 가능성은 더 커지게 마련이다. 그로 인해 사람의 비위를 잘 맞추는 인격을 가진 사람이 나타난다. 이들은 우열을 쟁취하는 마음과 힘을 숨기고, 처음부터 패배를 인정하며 안전하게 살아남으려 한다. 그러나 높은 자리에 앉을 기회가 찾아오면 이런 사람들은 그 누구보다도 과한 나르시시즘을 발휘한다.

사람들은 관계에서 우위를 차지하려고 '내가 유능하다'와 '나는 좋은 사람이다'와 같은 생각으로 미묘한 경쟁에서 신경전을 벌이기도 한다. 자신의 내면 강화보다 상대적 우월감을 느끼며 다른 사람은 다 나쁜 사람이고 나만 좋은 사람이며, 자신이 모든 면에서 좀 더 나은 사람이고자 한다. 그래서 대인관계에서 그 어떠한 요구도 제기하지 않고 자신이 우위에 있음을 확인하려 든다.

상대방의 잘못을 싸울 때마다 언급하는 사람도 있다. 이런 행위는 그 순간에 상대방의 자존심을 깨뜨려 자신이 확실하게 우월하다는 관계를 설정하고 우위를 점하려는 작전이다. 사랑이 부족하면 심각하게 우열을 가리는 상황이 발생하기도 한다. 관계에서 권력의 경쟁만 부각해 통제감과 우월감을 점유하고자 수단과 방법을 가리지 않는 것이다. 관계에 사랑과 행복이 담겨 있음을 안다면 지배적 관계에서 벗어나 감정적 평등을 유도하고 돕는다.

혹시
나도 피플 플리저일까

'사람들을 만족시켜야 한다는 의무감에 빠진 사람'을 '피플 플리저people pleaser'라고 한다. 이들은 사람과 관계를 맺을 때 매우 열정적이다. 여기에 희생적이고 상대방을 매우 좋게 평가한다. 그러나 단언컨대 이런 사람들에게서 방심하면 안 된다. 이들은 사람들을 쉽게 맞춰주는 만큼 쉽게 실망시키기도 한다. 자신의 마음에 들지 않으면 안 좋은 평을 일삼으며 심지어 증오의 단계까지 올라 지적과 비난을 일삼는다.

그들은 "내가 좋으니까 너는 나를 거절해서는 안 된다.", "네가 너무 좋으니까 나를 거절하지 않을 것이다."라는 논리를 가지고 있다. 거절당하는 두려움에서 유발된 이 사고는 관계에서 거부적인 신호가 나타나면 신속하게 '나쁜 부분'으로 치부한다. '나쁜 부분'을 남겨두어서는 안 되기 때문에 파괴적 언행을 가하는 것이다.

이런 유형의 사람들과는 시작부터 적당한 거리를 두고 거리감을 느끼게 해야 한다. 그들의 비위를 맞춰주면 친하다는 착각으로 행동은 물론 감정까지 지배하려 든다. 이에 불편함을 느끼고 관계에서 한발 물러서거나 다가섬을 제지하면 그들은 쉽게 상처받고 분노한다. 그때는 이미 늦은 뒤라 뒷감당하기 힘들어진다.

관계에서 감정에 인색하면 존중이 따르지 않는다. 자기감정을 상대방이 착취하도록 허용한 것이기 때문이다. 상대방은 이를 절대 양보로 받아들이지 않는다. 자신보다 더 약하고 어리숙하다고 여겨 우위에서 지배하려 든다. 이들은 사람의 감정 착취를 즐기며 누군가 자신에게 잘해주면 그 사람을 경멸한다. 다른 사람의 비위를 습관적으로 맞춰주는 사람은 연약하고 힘없음을 스스로 인정하는 꼴이다. 상대가 자신의 경계를 침범하는 것을 보고도 내버려둔 것이기에 경멸당할 수밖에 없다. 상대에게 절대 나약한 방식으로 잘 대해주지 마라. 존중과 보상을 기대하기 어려울 뿐만 아니라 멸시와 착취가 기다리고 있다.

피플 플리저와 잘 지내기란 힘든 일이다. 그들은 잘해 준 것에 대한 보답을 강요하고 자기 가치를 과장하므로 자존감을 내려놓지 않으면 상대할 수 없다. 이들과는 규칙, 경계와 약속을 정하고 이를 철저하게 지키고 중요하게 여겨야 한다. 경계가 뚜렷한 계약 속에서 생활해야 관계가 비교적 부드럽게 유지된다.

다른 사람의 요구를 쉽게 만족시키는 사람은 자신의 요구를 제기하지 않는다. 그들은 무의식적으로 자신에게 요구하는 사람을 불쌍히 여김과 동시에 자신의 거절이 상대방의 증오를 불러올 것이라고 단정한다. 그들의 마음속엔 거절당해온 내면의 아이가 살고 있기에 자신의 요구를 제기하지 못하며 거절당할 때의 수치심이 심하면 죽고 싶다는 생각까지 불러일으킨다. 그런데도 이 관계가 유지되는 것은 서로 연계에 집착하기 때문이다. 서로 괴롭히는 것 외에도 요구가 많은 사람은 요구를 통해 그들의 관계를 새로운 국면으로 열어간다. 이에 요구를 들어주는 사람은 이런 상황을 즐기며 관계를 다시 안정시키는 것이다.

철이 들었다는 건 어쩌면 깊은 절망일지 모른다. 아이가 최초 보호자로부터 응답을 듣지 못해 생긴 절망일 수 있고 사고 치지 말고 말썽 일으키지 말라는 압박에 의한 깊은 공포일 수도 있다. 아이는 외부 활동에서 좌절당하고 집에서도 똑같이 좌절하면 절망에 빠질 수 있다. 의지할 곳과 기댈 곳이 없다는 생각에 자포자기한다.

극소수의 상황에서 절망은 마음을 바위처럼 굳힌다. 그 바위의 단단함은 그가 사회에서 살아남도록 도와주지만 회복될 수 없는 상처로 남기도 한다.

쉽게 사과하고, 쉽게 자책하고, 쉽게 미안해하는 기능은 상대방의 공격을 방어하기 위해 쓰인다. 하지만 이는 상대방이 불만을 표출하는 공간을 봉쇄하여 진실되고 충만한 관계를 이루는 데 방해가 된다. 서로의 진정한 마음이 전달되어야 관계가 오래 지속된다. 서둘러 사과하는 것보다 문제와 원인을 살펴보고 서로의 불만이 해소되도록 하는 것이 좋다.

대부분 좋은 사람은 '나는 너를 위해 모든 것을 희생했으니, 너는 나를 사랑해야 한다'라는 인식을 지니고 있다. 이런 사랑에 대한 갈구는 배우자와의 관계에서 절정에 이른다. 그러나 부부간 근본적 논리는 친밀관계이다. 친밀함은 진실과 개방을 통해서만 얻어지며 희생은 아무런 효력을 내지 못한다.

또한 좋은 사람의 좋음에는 방어적 기재가 숨어 있는데 '나는 나쁜 사람이므로 아무도 나를 사랑하지 않을 것이다'라는 심리이다. 자신의 단점이나 상대가 싫어할 만한 부분을 자기 검열하고 애써 감추려 든다. 아예 포장하여 위선적인 모습만 보일 수도 있다. 따라서 가식적인 좋음이 많을수록 그들은 배우자와 더욱 멀어진다. 이 점을 기억하자. 부부간이든 타인이든 남에게 잘해주면 인정과 존중을 받을 수 있다. 그러나 사람과 친해지려면 진실과 개방만이 정확한 길이다.

초조함을 함께 견뎌주는 관계는 위대하다

우리의 인간성은 복잡하고 모순적이다. 사회에 적응하는 과정에서 정상적인 관계에 적응하고 즐기기 위한 변화이다. 그러나 과도하게 인간관계에 치우친 사람은 관계에 초점을 두고 논리를 표준화한다. 형식적인 인간관계에 속박되는 것이다. 반면 적응이 어려운 사람은 끊임없는 반성을 통해 인간관계의 신비를 꿰뚫어 본다.

대인관계에 잘 적응하는 사람은 관계에 대한 반성이 부족하다. 자신의 뛰어난 의식의 논리가 인간관계 능력을 결정한다고 믿기 때문이다. 하지만 이 적응력은 자신이 성장하면서 키워온 내적 요인으로 골수 깊이 파고든 것이다.

관계의 본질은 누군가에게 불안을 투사하는 것이거나 누군가의 초조함을 대신 견뎌주는 것이다. 영국 정신분석가 비앙은 "자기 기능이 좋은 사람은 상대방의 불안을 받아줄 수 있다."라고 말했다. 예를 들어 의사와 환자, 부모와 자녀 사이에서 환자나 자녀는 불안을 투사하고 의사와 부모는 불안을 받아 대신 해소해준다. 그러나 적지 않은 가정에서는 부모가 자녀에게 불안감을 이전하지만, 아이들은 그 불안감을 소화하지 못하므로 참아내며 나름대로 이겨낼 힘을 모색한다.

상대방이 던진 불안을 소화하지 못하는 사람은 마이너스 사랑, 마이너스 증오와 마이너스 지식을 발전시켜 내면에 채우고 마음에 새긴다. 그리고 자신의 사랑과 증오의 감정이 외부로부터 반응을 받지 못하면 관련 에너지의 흐름을 중지시킨다. 어느 상황에서든 감정을 이입하지 않고 상대의 아픔이나 사랑을 모른 척한다. 마이너스 사랑과 마이너스 증오라는 표현이 어색할 수 있는데 사랑하지 않고 증오하지 않다는 의미로 이해하면 쉽다. 사랑도 미움도 없으면 에너지의 흐름이 끊이고 생명력이 쉽게 고갈된다. 물방울이 바다에 흘러 들어가야 마르지 않는 것과 마찬가지다.

관계에는 귀찮은 일이
손님처럼 등장한다

서로 부탁하고 부탁받는 일이 어려우면 관계를 맺을 수 없다. 이때의 부탁은 신세 지는 것과 완전히 다른 의미이다. '신세'라는 단어에는 다른 사람에게 도움을 청하거나 요구, 부탁이 환영받지 못한다는 논리를 내포하고 있다. 이런 논리를 가진 사람은 인간 관계에서 편할 수 없다. 부탁은 단순히 어떤 일을 청하는 것이다. 반면 신세는 다른 사람에게 폐를 끼치고 부담을 주는 일이다. 그런데 관계 성립의 동력인 '부탁'을 '신세'라고 보는 사람은 관계에서 깊은 실망을 겪었다는 것을 의미한다. 이는 다른 사람에게 도움을 요청하는 것은 환영받지 못하는 일이기 때문에 "다른 사람에게 신세를 진다.", "다른 사람을 귀찮게 한다."라고 단정한다.

이런 철학을 가진 사람은 반드시 외로움에 직면한다.

다른 사람에게 부탁하기 부담스러워하는 사람은 분명히 자신에게 청하는 다른 사람의 부탁도 싫어한다. 그로 인해 시간이 흐르면 그는 외로움이라는 상자에 갇힌 모습으로 살아가게 된다. 사실 관계의 본질은 서로를 귀찮게 하면서 서로 알아가고 감정을 공유할 공간이 만들어지는 것이다.

부모의 마음에 사랑이 가득하면 기쁨으로 아이의 욕구를 채워줄 수 있다. 그 결과 아이는 긍정적인 사고를 형성하고 자신감과 당당한 힘을 가지고 다른 사람을 좋은 관계를 형성한다. 하지만 부모가 열정 없이 아이를 양육하면 비록 아이의 요구를 들어주었더라고 아이는 부모에게 부담을 주었다고 생각한다. 이는 아이가 자라면서 사람에게 신세지기 두려워하는 요인으로 작용할 가능성이 크다.

열정이 부족한 사람은 다른 사람에게 잘해주려고 노력하는 동시에 자신을 희생한다고 생각한다. 그로 인해 관계의 즐거움을 누리지 못하고 부탁을 강요나 상황에 떠밀려 억지로 감당하고 있다고 느낀다. 열정과 사랑 없이 부탁을 들어주는 것이다.

욕망, 외침, 분노, 기쁨, 사랑, 증오 등의 감정은 모두 열정이다. 부정적인 열정을 흘려보내고 따뜻한 에너지로 열정을 이끌면 우리는 진정한 생명력을 깨닫고 희생과 착취, 옳고 그름보다 에너지의 유동을 즐기게 된다.

욕망과 감정의 동력이 관계 속에 흡수되면 인간적인 방식으로 진행된다. 그러나 관계에서 욕망과 감정을 받아들이지 못하면 저주받은 것처럼 파괴적인 방식으로 표출된다. 이 경우 파괴력을 드러내지 않으려는 감정의 통제가 효과를 발휘하지 못하며 날카로운 반응으로 날아가 상대에게 비수로 꽂힌다. 이로 인해 회복될 수 없는 지경까지 관계가 몰리기도 한다.

사람이나 사물과의 관계에서 아낌없이 열정을 품어 충만함과 후회 없는 경험을 시도해보자. 사물과 깊은 관계를 맺기가 가장 쉽다. 일은 이보다 어렵고 사람과의 관계 구축은 가장 어렵다. 사람 간 깊은 관계 맺기란 매우 힘든 일이기에 사소한 부탁 하나에도 노력이 필요하다.

눈치 보지 말고
진솔한 모습을 보이자

인간은 사회적 동물로 관계를 떠나서 혼자 살 수 없다. 그런데 좋은 관계에선 자유와 공유가 자신의 의지로 행해지지만, 너무 끈끈한 관계에서는 모든 행위가 주시를 받는다. 주목하는 시선은 우리 손발을 묶은 것처럼 움직이지 못하게 한다. 유착이 너무 심한 환경에서 성장한 사람은 무의식적으로 주변 사람의 눈치를 살피느라 마음대로 행동하지 못하는 경향이 나타난다.

끈끈한 관계는 상대에게 실수를 범해서는 안 된다는 심리를 지닌다. 약간의 잘못된 언행도 지켜보는 이들을 불쾌하게 만드는 것이므로 자신의 잘못과 실수를 받아들이지 못하고 따라서 행동의 범위를 좁힌다. 만약 당신에게 이런 심리적 부담이 있다면 이

성적이고 중요하지 않은 실수를 범해볼 것을 권한다. 그러고 자신에게 '괜찮아!'라고 말해주자.

누군가가 당신을 지켜보고 있다는 느낌을 받은 적이 있는가?

작은 실수에도 상대방이 분노할 것만 같은가?

당신도 까다로운 눈으로 상대를 주시하고 있는가?

우리의 시선도 다른 사람에게 크게 부담될 수 있다. 친구나 부부간에도 상대방을 조심스레 대하는 유형이 있다. 이들은 말과 행동할 때 늘 긴장하며 조심스러워한다.

우리에게는 진심으로 사람들을 만족시키려는 욕구가 있다. 특히 자아가 형성되지 않은 사람은 주변 사람을 거울로 삼아 언행의 기준으로 삼는다. 자신의 행위에 거울 역할을 하는 상대가 어떻게 반응하는지 보고 자기 의지를 바꾼다. 여기에 더해 자신의 느낌에 맞춰 응답을 요구하면 상대에게 강한 제약을 가하는 것이라고 여긴다. 이로써 자신이 진정으로 원하는 기대에 보답을 받지 못한다. 실망스럽지만 자기 행동의 결과이기에 해결 방법이 없다.

우리는 외부로부터 관심을 받으려고 한다. 관계 속에서 이해와 사랑, 인정의 눈들이 '나'를 지켜봐주길 원하는 것이다. 그러나 끈끈한 관계에서 만나는 눈은 대부분 가혹하고 비우호적이다. 상대적인 '나'의 눈도 역시 마찬가지다. 상대나 대상을 바라볼 때 그리 너그럽지만은 않다. 아무리 호의적인 사람이라도 모두 좋게만 볼 수 없다. 그러므로 반드시 상대방의 기대에 부합해야 한다는 부담은 떨쳐버리자. 기대에 부응하면 상대는 더 높은 기준을 제시하게 되어있다. 맞추기 어렵고 우리 능력 밖의 일일 수 있다. 상대도 이 같은 생각을 하고 있다는 점을 기억하자. 그러니 우리는 먼저 상대를 보는 눈을 부드럽게 유지하고 기준을 내려야 한다.

자신을 자유롭게 표현하지 못하면 관계의 유지가 기쁘지 않다. 자신을 표현한다는 것은 거짓된 좋은 사람이나 연기된 모습이 아닌 진실한 감정이다. 예를 들어, 사랑과 미움, 분노와 기쁨, 아름다움과 추악함을 걱정 없이 표현하고 자유롭게 이야기가 흐르는 것을 의미한다.

자유로운 표현은 무엇일까? 지그문트 프로이트는 '성과 공격성'의 표현이라 했고, 도널드 위니컷은 '활력'이라 말했다. 성과 공격성은 듣기에는 불안을 주지만 굉장히 현실적인 표현이다. 자신의 감정과 생각을 습관적으로 억누르는 사람이 자기 생각을 진솔하게 표현하는 순간 해방감은 즉시 증가한다. '활력'은 모든 동력을 긍정적으로 표현한다는 의미이다. 자유로운 표현이 어려우면 관계 맺음에 피곤함이 몰려든다. 이때는 혼자의 시간을 가져야 하며 누군가의 눈치를 보지 않아도 되는 공간에서 휴식을 취해야 한다.

관계에서 진정한 자신을 어느 정도 표현할 수 있느냐의 여부는 관계에서 자신에게 공급해주는 자양분의 척도가 된다. 진정한 자아를 표현할 기회가 부족하면 현재 관계가 좋더라도 점점 시들게 마련이다.

관계는
부딪침에서 발생한다

인생은 긴 여정이고 풍경은 무한하다. 그러나 나이가 들수록 에너지는 떨어지고 건강도 청년기처럼 유지하기 어렵다. 신체뿐만 아니라 정신건강도 함께 미약해진다. 체력의 고갈이나 노동의 강도, 생활습관에 따라 신체건강이 좌우되고, 정신건강은 스트레스가 주원인으로 작용하며 타인과의 대립이나 갈등, 충돌로 인한 고통에서 비롯된다. 하지만 다른 측면으로 관계 속에서 유발되는 갈등은 삶을 지탱하고 발전시키는 동력이 되기도 한다.

일본 디자이너 야마모토요사는 "한 사람의 자아는 관계의 충돌에서 형성된다."라고 말했다. 대단한 인물들은 사람과 일의 충돌을 훌륭하게 이겨내고 승리한 사람들이다. 심도 있는 충돌은 막

대한 고통을 수반하지만 이면에는 위대한 충족이 숨어 있다는 사실을 기억해야 한다. 만약 사람들과 충돌하면 그에 대해 더 잘 알게 되어 유대감이 깊어지거나 관계가 끝나는 둘 중의 하나가 된다. 이때 관계를 끝내는 것이 실패는 아니다. 오히려 전화위복이 되거나 새로운 관계를 맺는 기회가 되기도 한다. 대상이나 목표로 나아가는 길에서 장애물을 만나 충돌하면 이를 극복하고 원하던 성공을 이룬다. 외적인 강력한 객체와 부딪침뿐만 아니라 자신의 어두운 잠재의식과의 충돌도 피해서는 안 된다. 그래야 더 많은 아름다운 풍경을 보고 더욱 강력한 자아를 단련시킬 수 있다.

"생명은 위대한 사고방식에 있지 않고, 진정한 접촉과 연결에 있다!"

이 말의 의미는 생명은 현실 세계와 접촉하고 연계해야 존재한다는 뜻이다. 소통과 상호작용은 자신의 메시지와 상대의 메시지가 서로 흐른다는 의미이다. 좋은 교류는 상대의 메시지를 내가 허락하고 받아들이는 것이며 마찬가지로 상대가 나의 메시지를 수용해준다는 것이다. 그러나 많은 사람은 관계에서 자신의 정보 전달에만 집중하고 상대방의 메시지는 간과한다. 예를 들어, 할머니가 손주에게 "뭐 먹고 싶은 거 없니?"라고 묻는 건 손주가 먹고 싶은 것을 사준다는 의미이다. 이에 손주가 "먹고 싶은 거 없어요."라고 말한다면 할머니는 이 대답에 서운함을 느낄 것이다. 이처럼 우리는 외부 메시지를 차단하고 자신의 이야기만 고집스럽게 표현한다. 다른 사람의 의중이 담긴 메시지를 해석하지 않고 자기 편의대로 받아들이는 경향이 있다.

공생관계에서는 하나의 의지만 있을 때 소통이 빠르고 단결이 쉽다. 그래서 의견과 의지가 하나로 통합되기를 원하는데 여기에 자기 생각이 우선이고 최선이어야 한다고 여긴다. 이런 심리적 이치를 고려하지 않고 사회적 차원의 도리만 이야기한다면 관계는 위태로워진다. 익숙한 관계에서 누가 의견을 표현하고 누가 듣는 자인지를 구분하여 권력 행사의 순위를 정하면 안 된다. 누구도 상대보다 낮은 위치에 서고 싶지는 않다. 한 사람이 주도하고 나머지는 따라가는 관계에서는 틀림없이 불만이 생긴다. 긴밀하게 유착된 관계에서도 마찬가지다.

우리는 자신의 메시지가 먼저 상대에게 전달되어야 타인의 목소리를 듣기 시작한다. 자신의 메시지가 전달되지 않으면 여기에 집착하고 반영되기까지 때로 분노하고 심지어 위협적인 행동을 드러낼 수도 있다. 일반적인 인간의 심리로 자기 의견을 들어주는 것에서 자신이 존중받는다는 느낌을 받기 때문이다.

친밀관계에서 두 사람의 교류가 많아지면서 전반적으로 서로 이해하는 방향으로 발전되면 말다툼 정도는 괜찮다. 의견의 조율 과정으로 보는 것이다. 순조롭게 합의가 이루어지는 경우도 있지만 갈등과 반목을 반복하다가 최종적으로 합일되기도 한다.

연인 사이, 동료 사이, 가족 사이에도 적절한 때에 이별 위협을 보내야 한다. 의도적인 연기가 아니라 정말 필요를 느꼈을 때만 해야 하는 행동이다. 그래야만 서로의 원칙과 포용의 한계를 인지하고 서로 언행을 조정한다. 상대의 요구와 한계에 맞춰 자신의 언행을 조정한다는 것은 사랑을 연장하는 주요 덕목이 된다. 물론 헤어질 수도 있다. 헤어짐의 필요성을 느끼면서도 한편 노력해봤지만 관계 패턴의 변화가 일어나지 않는다면 결국 헤어지게 되어 있다.

관계의 '독'이 무엇인지 표현하고 그것을 감각화해야 독을 없앨 수 있다. 상대가 그 독을 인지할 수 있도록 들려주거나 보여주고 느끼게 해주어야 한다. 그로 인해 문제가 해결되면 관계는 이어지고, 해결되지 못하면 관계는 끝난다. 관계는 사람을 성장시키고 단련시키지만 관계가 유지될 동력이 없으면 두 사람 모두 성장할 기회를 잃는다.

관계를 통한 생생한 경험은 살아 있는 증거다. 다른 사람의 부러움을 받아도 풍부한 경험을 하지 못한 인생은 창백하고 궁핍할 수밖에 없다. 자신의 의지대로 생명을 펼치고 다른 존재와 진정으로 접촉하는 것만이 살았다고 할 수 있다.

관계에서
증오는 사랑만큼 중요하다

관계가 형성되면 사람들은 우위를 점하려고 한다. 사회적·경제적 지위에서 상대보다 자신이 높다면 친밀관계에서조차 '나는 너보다 강하다'라는 인식으로 관계를 설정한다. 학력이 높거나 지식적 우위에 있는 사람은 언제나 '내가 옳다'는 주관으로 대화를 이끈다. 그러나 이는 관계의 독약이다.

권력 투쟁에서 도리를 따지는 사람은 '내가 돈을 많이 버니까 내 말을 들어야 한다'라며 자기 위세가 인정받기를 원한다. 이 요구가 받아들여지지 않으면 폭력을 취하는 사람도 있다. 또한 '희생은 내가 많이 했고, 해줄 수 있는 거 다 해줬으므로 내 말이 맞다'라고 주장하는 사람은 효과가 없으면 억지를 부려 통제권을 장악하려 한다.

사회적으로 위치가 높고 경제력이 좋은 능동적인 사람은 관계의 우위를 쉽게 누릴 수 있다. 하지만 반면 행동에서 결점이 생기기 쉽다. 위치가 낮고 수동적인 사람은 관계에서 일부 통제권을 잃지만 도덕적으로 우세할 수 있다. 사랑과 마음의 평등이야말로 이런 문제들의 해독제이다. 높음과 낮음, 능동과 수동, 옳음과 그름은 관계의 유착보다 훨씬 원대하고 다양한 의미를 구현해낸다.

증오가 없는 사람처럼 위장하지 마라. 미움과 증오는 사랑만큼 중요하다. 증오를 표현하지 않으면 서로에게 부적절한 언행을 깨닫지 못한다. 증오 표현은 너로 인해 내가 상처받았음을 알려준다. 만약 관계에서 사랑의 표현만 존재한다면 어떤 발언이나 행동이 용납된다는 착각을 불러일으킬 수 있다. 그 결과는 파국이다.

사랑이 약해지거나 부족할 때 자신의 우월감은 상대에게 무기가 될 수 있다. 그러나 진정한 사랑이 우선되면 서로에게 긍정적인 에너지를 제공한다.

직설적 분노는 관계에 대한 존중이다

우리는 자신의 선택을 믿어야 한다. 선택하면서 사고와 행동, 적극성과 열정이 성장하기 때문이다. 선택하면서 살아 있는 에너지를 느끼고 선택이 검증되는 과정에서 희열을 맛본다. 그러므로 선택은 자유의지가 반영된 능동적인 행동력이다.

삶에서 모든 노력은 나의 존재가 옳다는 느낌을 추구한다. 상대에게 사과를 강요하는 것은 그의 판단과 선택을 존중하지 않는 것이다. 상대가 틀렸다고 단정하고 사과를 받아 자신의 옳음을 증명해내려는 의도이다. 이에 상대가 잘잘못을 따져 사과를 선택하도록 기다려주지 않는다. 어떻게 반응할지 답을 정해놓고 종용

한다. 성급하게 자신의 행동에 정당성을 부여하고 싶은 것이다. 그러나 모든 선택에는 스스로 깨닫고 받아들이는 과정이 필요하다. 이 과정을 방해해서는 안 된다.

"내가 못났고 나쁘니까 네가 나를 떠났다."라는 논리는 일부러 자신에게 상처주는 논리이다. 버림받은 트라우마를 만들고 자신의 약한 부위를 골라 공격을 가하며 그 아픔을 이유로 고립되어 버린다. 그 결과 내면의 어둠에 빠져 허우적거리다가 스스로 가라앉는다. 헤어나올 방향과 길을 찾지 못한다면 말이다. 그러니 반성은 하되 자책은 하지 말자. 그 차이를 이해할 수 있기 바란다.

형편없는 사람은 연약한 자아를 보호하기 위해 상대를 공격한다. 이에 관계 개선을 위해 미안해하거나 반성하면 오히려 괴로움을 당할 것이다. 그의 이기심을 충족시켜주는 꼴이 되기 때문이다. 이기적인 사람을 상대하는 가장 좋은 생존 방식은 희생하지 않고, 반성하지 않으면서 불만을 늘어놓는 것이다. 그러면 상대는 기세가 꺾이고 다소 움츠러든다.

이기심이 습관처럼 몸에 밴 사람은 공격과 방어하는 방법, 다른 사람에게 책임을 돌리는 방법을 본능처럼 구현한다. 자신의 이런 모습을 깨닫기는 쉬운 일이 아니다. 이를 인정하는 것이 자기에 대한 공격이기 때문이다.

사랑과 감사는 두 사람이 하나가 되는 것을 촉진시킨다. 그러나 상대를 너무 사랑한 나머지 자신이 소멸되는 상황이 일어날 수도 있다. 그러므로 가장 친밀한 관계에서는 미움의 감정도 있어야 한다. 미움과 증오는 사랑에서 독립된 자신의 공간을 유지해준다. 그러므로 사랑하는 관계에서도 미움의 존재를 허용해야 한다.

상대에게 강한 원한이 있으나 표현하지 못하면 사랑을 낳을 수 없다. 형식적으로 잘해줄 수 있지만, 감정은 이미 폐쇄된 상태에 이른다. 미움과 사랑은 마음의 같은 통로를 사용하기에 증오의 통로를 닫으면 사랑의 통로도 닫힌다.

자신의 공간에서
자유를 누려라

자신의 공간을 결정하는 권력을 얼마나 갖고 있는가? 집, 감정, 시간과 직업에 있어 얼마만큼의 결정권을 쥐고 있는가? 자기 공간을 지키지 못하면 타인의 메시지에 좌지우지된다. 그리고 공간 확보에 자기 권한이 부족할수록 타인의 침입에 적개심이 강해진다.

관계에서 적의가 강하면 경직된 상태에 빠진다. 감정의 흐름이 단절되고 상대와 깊은 상호작용의 전개가 어렵다. 두뇌는 사고하고 판단하지만 창의력을 잃을 수 있고, 몸은 움직이지만 활력을 잃고 기운이 빠지거나, 감정은 유지되지만 열정을 잃을 수 있다.

따라서 자신의 공간에서 자기만의 시간을 보낼 수 있어야 한다. 자기만의 공간은 방, 마음, 두뇌 등 물리적 공간뿐 아니라 심리적 공간도 해당한다. 관계에서 자신의 감정을 표현할 수 없다면 더 발전적으로 유지되지 못한다. 마음이 부재한 상태로 서로 형식적 관계에서 물러나게 될 것이다.

어떤 형식으로든 관계에서 오는 감정을 고백해야 한다. 한 30대 여성은 남편과 아이 사이에서 자신이 가장 낮은 지위에 놓여 있다고 생각했다. 그래서 가족을 대할 때마다 무력감을 느낀다는 것이다. 가장 친밀한 관계임에도 불구하고 그녀의 마음은 텅 빈 것처럼 허무하다. 그로 인해 감정의 충돌도 비일비재하게 일어난다. 그녀는 더는 물러설 수 없다는 생각에 자신의 느낌을 하나둘 전하기 시작했다. 그런데 오히려 텅 비었던 관계가 호전되었다. 가족들도 그녀의 마음 상태를 인지하고 조화로운 생활을 위해 노력하게 된 것이다.

관계의 공간에 상대를 수용할 수 있어야 한다. 서로 진정성 있는 모습으로 자신을 드러내며 마주 앉아야 한다. 허심탄회하게 속마음을 털어놓고 개선해야 할 점이나 문제가 되는 요인을 찾아나서야 한다. 당장은 갈등이 촉발되는 불씨가 될 수 있지만 장기적으로 보면 관계의 독소를 제거하는 해독 효과를 낸다.

'너'에 대한 존중, 상대방에 대한 존중, 관계에 대한 존중이 관계의 보편적 인식으로 자리잡혀야 한다. 파괴적인 관계에 속해 있다면 그 관계가 혈연관계이든 각종 영화, 소설과 예술 작품에 의해 미화된 연애 관계이든, 우리의 생명력을 제한할 뿐이다. 이런 관계는 멀리하고 떠나는 것만이 답이다.

다른 사람이 자유자재로 드나들지 못하도록 자신의 공간을 지켜라. 자신의 선택을 존중하여 진정한 '나'를 드러내라. 개인 공간을 지키지 못하고 선택지도 없으면 심리적 방어체제가 발전되게 마련이다. 이런 방어체제는 극단적으로 보일 수 있지만, 자신의 공간 확보를 위한 노력이기에 매우 귀중하다.

소통은 상상의 세계에서 현실로 이끈다

삶 자체는 모호하고 불확실하다. 당장 한 시간 뒤에 일어날 일도 알 수 없으니 미래를 예견하는 일은 불가능하다. 삶이 불안정하며 초조하게 느껴지는 까닭이 여기에 있다. 사람들은 이 초조함을 피하려고 확실성을 추구한다. '나는 번개처럼 정확하고 빠르게 판단한다. 그러기에 자세한 소통은 필요 없다'라는 식이다. 그러나 이런 생각은 마음이 매우 초조한 사람이 자신의 사고에 지나치게 의존하는 현상이다. 어떤 현자의 판단에도 경우의 수는 존재한다. 특히 미래와 관련되었거나 상대가 존재하는 판단이라면 이는 추측일 뿐이지 100% 정확한 사실이 아니다.

의사소통은 매우 중요하다. 고독한 상상에서 관계 차원으로 들어가게 해주는 길이지만 상대와의 감정이입은 쉽지 않은 일이다. 상대방을 정확하게 이해했다고 생각하지만 사실 모두 추측에 불과하다. 따라서 중대한 상황 판단은 반드시 이를 뒷받침하는 증거가 있어야 한다. 심증만 있고 증거가 없다면 직관이 더할 나위 없이 강렬하더라도 결론을 신중하게 내려야 한다. 무의식중에 선입견과 편견이 먼저 작용할 수 있기 때문이다. 하지만 자신의 직관을 믿어야 할 때도 있다. 다만 감정적으로 치우치지는 않아야 한다. 자신의 직관을 확신하고 소통을 차단하면 안 된다. 또한 자신의 직관을 의심하고 상대의 말을 모두 수용해서도 안 된다.

인생은 고난과 고통의 연속이다. 어려움을 극복하고 결국 성공한 삶으로 자신을 이끈 이들은 확실한 목표와 행동이 수반되었다. 그러나 이보다 더욱 중요한 것은 인간관계에서 베풀었던 따뜻함과 사랑이다. 자신의 목표가 주변에서 응원을 받고 지지와 도움을 받아 보이지 않는 힘이 발휘되었기 때문이다.

우리가 절대적으로 기억해야 할 것이 있다. 폭풍우 치는 바다에서 작은 배 한 척이 버틸 수 있는 이유는 바다 밑바닥에 깊이 파고든 닻이 있기에 가능하다는 사실이다. 자신을 둘러싼 관계에서 보내는 사랑과 따듯함은 보이지 않는 닻과 같다.

가족 더하기 외로움

사랑의 근원은 가족이다. 부모에게서 받은 사랑이 자기 성장의 자양분이 된다. 그러나 완전무결한 가족애는 없다. 자기 의지 없이 희생에 복종하고 통제에 무릎 꿇는다면 외로움만 남는다. 자신의 영역에서 사유를 누려야 한다.

부모는 자식에게 독립을 권하라

우리는 성인이 된 자녀가 부모에게 의지하면 책임감도 없고 독립을 위해 노력하지 않는다는 비판의 눈초리를 보낸다. 그런데 자녀의 여러 문제로 인한 독립이 어려운 경우가 대다수이지만 반대로 자녀와 헤어지지 못하는 부모 때문인 경우도 적지 않다. 이런 부모는 자녀의 생명력을 약화시킨다.

심리상담에 '구체화'라는 기술이 있다. 구체적인 상황을 끊임없이 물어보며 문제의 전체적이고 진정한 상태를 파악하는 방식이다. 성인 자녀가 부모에게 빌붙어 사는 모습과 할머니가 손주를 돌보는 일 같은 표면적으로 부모가 착취당하는 상황을 구체화를 통해 깊게 들여다보면 완전히 다른 문제가 숨어 있다. 아이를 돌봐주기를 바라는 젊은 부부도 많지만, 부모가 먼저 나서서 손주를 돌보겠다고 하는 경우도 많다. 그런데 문제는 부모가 손주를 돌보면서 자녀의 가정사에 끼어드는 시점에서 가족 구성원의 위기가 시작된다. 손주 돌보면서 자녀의 가정에서 주인 노릇을 하고자 하기 때문이다. 이를 어디까지 용인할 것인지, 어느 부분까지 부모의 간섭을 이해할 것인지 부부가 상의해서 결정해야 한다. 부모의 도움이 부부 사이 갈등의 요소로 작용되어서는 안 된다.

지금 사회는 전환기로 과거의 전통 사회는 집단성과 남성주의 위주였다. 여성이 아이를 낳고 키우지만 아이는 아버지의 성을 따랐으며, 남편의 집에서 그 부모를 포함한 가족과 함께 사는 것이 대부분이었다. 그러나 현대 사회는 법적 정신을 포함해 사회적 규범들은 핵가족을 중심으로 설계되어 있다. 그럼에도 가정은 여전히 구시대의 규범대로 운영되고 있어서 가족 구성원은 혼란스러워질 수 있다. 특히 남성의 가족 구성원에 홀로 편입된 여성에게는 적응하기 어려운 문제가 된다.

전업주부 중에는 자아 인식이 명확하지 않은 사람이 자녀를 키우는 것 외에는 아무것에도 관심이 없는 경우가 있다. 이는 인간관계에서 찾기 힘든 연계와 존재감을 자녀를 대상으로 하면 쉽게 찾아지기 때문이다. 자녀와의 관계는 기본적으로 개방되어 있어서 연계 형성이 쉽다. 더불어 아이의 요구 조건도 간단해 만족시키기가 쉽다. 그리고 통제가 가능한 아이 앞에서 부모는 쉽게 우월감을 느낄 수 있다.

부모는 자신이 이루지 못한 일을 아이에게 강요하거나 대신 달성해주기 바라는 경우가 많다. 많은 아이가 부모의 뜻에 맞춰 미래를 설계하고 살아간다. 이때 부모의 의지 전가는 두 가지 방식으로 이뤄진다. 하나는 부모가 자녀에게 자기 뜻을 분명하게 명시해 강요하는 방식이고, 다른 하나는 부모가 명시하진 않았지만 자녀가 부모의 아쉬움을 채워주고자 하는 잠재된 전가 방식이다.

프랑스 정신분석학자 라캉은 "자녀는 부모의 욕망을 욕망하고, 그것이 자신의 욕망이라고 착각한다."라고 말했다. 자녀가 부모를 위해 사는 것은 생각보다 쉽게 일어나며 부모가 의식적으로 자신의 의지를 강조한다. 실제로 이전 부모 세대는 집안의 경제 사정이나 사회적 환경으로 개인의 의지를 펼칠 공간이 거의 없었기 때문에 불가피하게 삶에서 큰 아쉬움을 남겼다. 그로 인해 자녀 세대는 부모의 '의지 릴레이'에 참여하게 되고 대리만족을 위해 희생하며 살았다.

그러나 최근 몇십 년 동안 사회는 개인의 의지를 이룰 수 있는 공간이 크게 확장되면서 부모의 의지보다 자신을 위해 살 수 있게 되었다. 그런데도 부모의 못다 이룬 꿈이나 사회활동을 하면서 아쉬움이 남는 부분을 자녀가 해소해주길 은근히 바란다. 부모인 자신들보다 더 훌륭하게 성장하길 바라는 마음 또한 이와 같은 심리에서 출발한다. 하지만 이 모든 상황이 부모의 선의라고 하더라도 아이에게는 심리적 정서적 압박이 될 것이다.

자신을 위해 사는 사람은 삶의 아름다움을 종종 느끼며 산다. 다른 사람의 의지에 얽매여 인생을 낭비하는 일이 적기 때문에 폭발적인 생명력을 보인다. 진정한 자기 모습으로 살아가는 것이며 가족 모두 각자의 '역할'에서 벗어나도록 도와준다. 생명력을 펼쳐나가는 것이 어떤 느낌인지를 알면 부모도 자녀에게 선택권을 주어 원하는 길을 갈 수 있도록 격려해줄 것이다.

엄마이기 이전에
'나' 자신이다

영국 심리학자 멜라니 클라인은 "존재는 감지되는 것이다."라고 말했다. 느낌이 전달되어야 우리는 '나'의 존재를 인식할 수 있다. 또한 다른 사람이 '나'의 감정을 알아주는 것을 통해 존재감이 확인된다.

최초의 존재감은 유아기에 엄마와 다른 가족이 감정을 알아주고 받아주는 것에서 시작된다. 반면 '나'의 감정이 외부 세계에 받아들여지지 않으면 존재감이 상실된다. 이러한 상태는 3가지 유형으로 나타나는데 '무시, 이중 갈등, 좀비화'이다.

'무시'는 엄마나 다른 가족이 감정을 알아주지 않거나 알아줄 능력을 갖추지 않는 상황이다. 극단적인 무시는 수치심을 불러와 사랑받지 못하면 자신의 존재 자체가 잘못된 것이라고 생각한다. 그러므로 아이가 불렀을 때 대답해주는 일, 질문에 대답하거나 아이 감정에 호응해주는 일 등 사소한 욕구 충족이 아이에게는 존재감의 확인하는 기회가 되는 것이다.

아이는 놀이에 집중하면서도 계속 뒤돌아보며 엄마의 존재를 확인하고 엄마와 눈맞춤을 한다. 자기감정을 알아주는 엄마가 있으면 안정적으로 놀이에 집중하고 엄마가 없으면 아이는 당황하여 울음을 터뜨린다. 집중과 사랑은 함께하는 것이다. 엄마가 아이를 응시하면 아이도 만물을 응시할 수 있다.

어느 심리학 수업에서 한 가지 과제를 냈다. 둘이 짝을 지어 엄마와 자녀 역할을 구분하고 4가지 유형의 엄마 이미지를 연출하게 했다. 4가지 유형은 '무조건적 사랑을 주는 엄마, 항상 아이를 부정하는 엄마, 경계 없이 모든 간섭하는 엄마, 우울한 엄마'였다.

무조건적 사랑을 주는 엄마를 연기한 학생들은 포용만 존재할 뿐 평가하려는 심리나 의도는 띠지 않았다. 다만 가장 완벽한 마음을 스스로 형성하며 자신의 존재를 빛내는 눈빛을 띠었다. 이런 눈빛을 본 자녀 역할의 상대 학생은 순간적으로 눈물을 흘리기도 했다. 다들 엄마에게 무조건적 사랑을 받아봤기에 더 나아가 영혼 깊이 무조건적 사랑이 무엇인지 알기 때문이었다. 설령 받지 못했더라도 자신이 그 부족함을 채우려 하기에 감정의 이입이 쉬웠던 것이다.

엄마들 대부분은 자신이 자녀를 잘 돌보지 못했다고 여기며 작은 실수조차 자책한다. 이런 엄마들은 어렸을 때 사랑을 많이 받지 못해서 완벽한 엄마를 그리며 자랐다. 그래서 자신이 엄마가 된 후, 그 완벽한 엄마의 이미지를 자신에게 요구하는 것이다. 그런데 완벽함에 집착한 나머지 정작 자신이나 아이의 감정을 헤아리지 못한다.

모성애는 사랑의 최고 자리에 위치한다. 그래서 엄마의 책임은 무거운 짐이 되고 말았다. 아직도 우리 사회의 많은 곳에서는 여성에게 엄마가 될 때만 사회적 지위와 가치를 부여한다. 여성으로서의 존재 가치가 말살되는 것이다. 사회적 역량이 있음에도 여성의 주체적인 지위가 박탈당한 것 자체가 엄마들 원한의 근본적인 원인이 되기 때문이다.

모든 생명력은 뻗어 나갈 공간이 필요하다

모든 관계에는 보이지 않는 묘한 심리가 숨어 있다.

'너무 훌륭해지지 마. 그래야 나의 우월감이 손상되지 않고 너를 더 쉽게 통제할 수 있으니까. 그리고 네가 좀 부족해야 나를 쉽게 떠나지 못할 거야.'

맞는가? 우수함은 분리를 가리키고 어리석음은 충성을 가리킨다. 한 사람의 우수함은 확실히 상대에게 더 큰 자유를 가져다준다. 따라서 우수한 사람은 더 넓은 세계로 나가기 쉽다.

그러나 생계 기술 외에 다른 방면의 지식을 가지지 않은 훌륭함은 독립할 능력이 높지 않다. 자녀에게 공부만 시키고 생활 능력이나 운동을 시키지 않는 행위에는 자기에게서 분리시키지 않으려는 논리가 내재되어 있는 것이다.

생명력은 뻗어나갈 공간이 필요하다. 영유아는 엄마의 품에서, 학생은 가정과 학교에서 생명력을 발산한다. 어른이 된 후에는 더 넓은 공간에서 생명력을 펼칠 것이다. 엄마의 품이나 제한된 구역에 계속 머물면 생명력은 억압된다.

아이가 정신적으로 독립된 생명체로 발전하려면 심리적 결단을 완성해야 한다. 자라면서 엄마와 하나의 공동체에서 서서히 분리되는 과정을 점차 배워나가면 온전해진다. 분리 과정에서 엄마의 허락이 필요한 동시에 아빠의 강력한 개입도 필요하다. 부모의 요구를 항시 최우선으로 삼는다면 아이의 심리적 공간이 좁아진다.

인생의 의의는 선택에 있다. 그러나 모든 선택은 도박이며 던져진 주사위는 앞으로 우리가 개척해 나아가야 할 인생의 길이다. 많은 부모는 아이 대신에 결정하길 원한다. 인생을 좌우하는 선택이 잘못될까 봐 두렵기 때문이다. 하지만 이는 아이의 즐거움을 박탈하는 것이다. 그 결과 아이는 삶을 제대로 살아 보지 못하게 된다. 다시 말하지만 살아 있는 가치는 선택에 있다. 자기 삶의 결정을 스스로 주도하게 하라. 가장 사랑하고 진심으로 자녀를 아끼는 부모라도 그 역할을 대신 맡아서는 안 된다. 부모의 결정이 항상 옳은 것도 아니지 않은가.

아이에게 공간을 내어주는 부모가 되어야 한다. 구체적이고 정확한 지침을 내려주는 역할이 아니라, 아이의 에너지가 넓은 공간에서 좌충우돌하면서 흐를 수 있게 도와주는 것이다. 이러한 유동 속에서 아이 재능이 자유롭게 발휘되며 자신의 경험과 관념을 형성할 수 있다.

완벽한 아빠라고 불리는 남자가 있었다.

어느 날 아들이 "내가 내린 결정은 다 틀린 거고, 아빠가 내린 결정은 다 정확한 것이네."라고 힘없이 말했다. 지혜롭고 완벽한 아빠였지만, 아들은 아빠의 지혜롭고 완벽한 제한에 답답함을 느꼈고 인생에서 자신의 역할이 무엇인지 고민한 것이다. 훌륭한 부모라고 자부하는 사람들이 흔히 범하는 실수이다.

보답을 바라는
희생은 하지 마라

'희생' 자체는 긍정적이지 않다. 희생에는 도덕적 우월감이 수반된다. 필연적으로 상대에게 빚을 졌다는 느낌을 주고 죄책감을 불러일으킨다. 이런 심리작용으로 '희생'하는 이를 더 우위로 인정하게 한다.

누가 나를 위해 희생했다는 감정에 얽매여 있는 사람은 자기 주체성을 점점 잃는다. 자주적인 선택을 내리지 못하고 눈치를 보게 된다. 그러나 중대한 사건에서 자주적인 선택을 결정하게 되면 시행착오를 겪을지라도 아쉬움은 남지 않는다. 스스로 정체성과 주체성을 확립하게 되는 과정이 된다.

사람들이 "다 너를 위한 거야."라고 말할 때 '나는 좋은 뜻으로 한 거니까 나쁜 영향이 생긴 것을 포함해 모든 책임은 너에게 달려 있고, 나는 책임과 죄책감에서 면제되어야 해!'라는 의미를 내포하고 있다는 사실을 아는가. 자기 주변에 "다 너를 위한 것이야."라고 말하는 사람이 많은 것은 단독적인 생각을 허용하지 않으려는 것이다.

"이것은 나의 선택이야."라는 말은 "다 너를 위한 것이야."라는 말과 대립적이다. 내 행위와 결과에 책임을 지겠다는 뜻이다. 이 선택이 가져다줄 다양한 경우의 수를 감당하겠다는 의지이다. 이로써 우리의 삶은 풍요롭고 강해진다.

자신의 선택에 앞서 거절의 권리를 먼저 지녀야 한다. 즉, "그것은 나의 선택이 아니다."라고 단호히 말할 수 있는 용기가 필요하다. 만약 다른 사람이 해준 선택을 강요받고도 이것이 나의 선택이라고 착각하면 삶이 힘들어진다.

자신을 먼저 보살피는 것이 가장 중요하다. 남을 위해 희생하려는 생각을 버려야 한다. 그런데 아이러니하게도 희생은 원한도 쉽게 수반한다. 자신이 희생했다고 생각한 만큼 상대가 반응해주지 않으면 곧 원망이 쏟아지고 원한으로 전환된다. 그 어떤 희생이라도 희생만큼의 보답을 받기는 어렵다. 그러므로 희생을 제창

할 필요도 없다. 착취하고 있다는 관념을 상대에게 유도하기 때문이다.

먼저 자신을 잘 보살펴야 건강한 나르시시즘과 진실한 자아가 형성된다. 다른 사람을 사랑하라. 진정한 나를 보여주며 자신의 동력, 나르시시즘, 성과 공격성을 펼치는 삶을 살아야 한다. 이런 동력들이 자연스럽게 흐르게 되면 즐거움이 생긴다.

강요는
독을 먹이는 것이다

누군가를 계속 부정할 때, 자신의 언행 뒤에 숨어 있는 생각이 무엇인지를 알아볼 필요가 있다. 단순히 상대방이 자신보다 우위나 역량을 갖춘 사람이 아니길 바라는 이기심일 수 있다. 상대를 인정하는 순간 그 우위성에 자신이 매몰될 것이라는 불안에 휩싸이게 된다. 그런데 자녀에게조차 계속 부정하는 부모가 있다. 아이에게 "너는 자신이 누구인지를 모르고, 너의 느낌과 선택은 모두 틀린 것이니 내 말을 들어야 해."라는 말을 계속한다면 아이는 스스로 자아를 소멸시킨다. 그렇지 않고서야 아이가 어떻게 그 말을 순순히 듣겠는가?

아이에게 순종을 강요하는 것은 독을 먹이는 것과 다름없다. 복종을 강요당하는 아이는 원한을 품게 마련이다. 이런 부정적인 감정을 키우면 아이의 미래를 잿빛으로 만드는 결과를 초래한다. 성장기의 아이를 계속 부정하면 아이 자존감의 뿌리를 썩게 한다. 표면적으로 드러내 보이진 않아도 자신의 감정을 인지하지 못한 채 다른 사람을 의식하며 살 수밖에 없다. 또한자기 이상과 감정이 중요하다는 진리를 모른 채 억누르고 회피한다. 자기 스스로 내린 결정이나 판단을 틀린 것으로 인식하기 때문이다.

물론 자녀에게 부모의 교육은 필요하다. 하지만 부모가 자녀를 양육할 때 정말 아이를 위한 교육인지 아니면 부모의 나르시시즘을 실현하려는 것인지 거듭 생각해야 한다. 나르시시즘에 의한 가르침은 나는 너보다 강하고 많이 안다는 사실을 중심을 두고 있으므로 자녀는 부모보다 못한 수준으로 성장하게 된다.

통제는
반항심을 키우는 영양제이다

자아가 약한 사람은 자신의 목소리를 낼 때 망설이거나 표현을 자제하는 경우가 많다. 자기 생각을 표현할 때 무의식적으로 다른 사람의 반응을 예측하고 그에 따라 언행을 조절한다. 반응에 대해서도 민감하게 받아들이고 신경 쓴다. 그들은 매번 좋은 응답만을 받고자 한다.

또한 이런 유형의 부모는 자신의 존재를 아이를 통해 확인하려 든다. 자신의 헌신이 얼마나 대단했는지 그 은혜를 잊어서는 안 된다고 강조하며 은혜를 잊는 것은 불효라고 심어준다. 만약 아이가 자신의 의사에 반하는 행동을 하면 자기 존재를 부정당했다는 의미로 받아들인다. 자기 헌신의 가치가 인정되지 않음에 심히 분노하는 것이다.

나르시시즘이 강한 부모는 내면이 연약한 부모다. 그들은 아이에게 잘해주면서 아이가 자신의 희생을 인정해주기를 바란다. 아이가 드러내는 사소한 불만에도 무능감에 빠져 아이를 공격하며 자신의 나르시시즘을 보호하려 든다. 이런 부모는 끊임없이 아이에게 "내가 너를 위해 얼마나 많은 고생을 했는데.", "부모에게 감사할 줄 모르는 것은 은혜를 배반하는 짓이다."라고 강조한다. 자신이 바친 사랑에 아이들이 응답하지 않을 것을 두려워하기 때문이다.

아이는 부모의 이런 행위에 죄책감을 느끼고 억지 감사를 표현한다. 진정한 감사가 아니다. 단지 두려움에서 나온 감사일 뿐이다. 이는 아이가 성장한 후 부모의 행위를 깨닫게 되면 원망이나 반감으로 갈등을 빚을 수 있다. 그 결과 부모나 자녀 모두 받아들이기 어려운 일로 해결의 해법이 없는 사태로 이어질 수 있다.

아이를 통제하기 좋아하는 부모가 있는 한편, 부모의 통제를 환영하는 아이도 있다. 양자 모두 습관적으로 통제가 친밀감에서 나온다고 믿기 때문이다. 이들에게 자유의지는 외로움을 의미한다. 누군가의 통제를 보살핌으로 생각하는 까닭이다. 그러나 깊이 들여다보면 자기 결정권이 없거나 자기 불신에서 나온 심리이다. 통제받지 않은 일을 진행했을 때 그 결과에 대한 책임을 회피하고 싶은 것이다. 통제를 당한 자는 결과에 있어 책임을 모면할 수 있기 때문이다.

만물은 자연스럽게 복잡한 방향으로 발전한다. 아름다움과 창의적 성장을 추구하며 생명력을 키운다. 이처럼 복잡함은 강력한 에너지로 아름다운 질서를 만들어간다. 통제를 내려놓는 것은 깊은 신뢰를 의미한다. 자신이 통제하지 않아도 선의가 존재한다고 확신하는 심리다. 따라서 부모가 아이에 대한 통제를 거두면 '나는 너를 믿는다'라는 메시지를 전달하게 된다.

자기만의
경계를 확보하라

가정의 분위기는 사랑, 만족, 행복, 증오, 부족, 고통, 경쟁과 다툼 등 말로 표현하기 힘든 흥분과 죄책감이 포함되어 있다. 이런 여러 감정이 잘 정리되고 가족관계의 경계를 지키면 감정이 사랑으로 승화된다.

어떤 부모는 자녀와 시공간적으로 공생하기를 원한다. 하지만 과하게 끈끈한 관계는 부모와 자녀의 생명력을 소모시킨다. 시간적 공생관계를 요구하는 부모는 자녀가 대학에 진학했는데도 하루에 몇 통씩 전화한다. 공간적 공생관계를 원하는 부모는 결혼을 해 가정을 이룬 자녀라도 함께 살기를 요구하거나 수시로 자녀의 가정을 방문한다. 이런 부모의 그림자는 자녀 발전에 장애물이 된다.

공생심리에 고착된 사람은 누군가 항상 자신을 지켜봐주길 간절히 바란다. 틈이 없는 관계를 친밀함이라고 생각하기 때문인데 이러한 시선은 자칫 감시 장치로 작동될 수 있음을 알아야 한다. 공생관계는 서로의 기대에 부응해야 하는 것으로 상대의 기대에 맞춰줘야 한다. 그로 인해 독립적인 공간이 보장되지 않는다.

독립적인 공간은 다른 사람의 시선과 평가가 차단되는 장소이다. 자신의 상상력과 이기심, 욕망, 배신, 폭력을 포함한 인간성이 수용되는 유일한 곳이기도 하다. 이런 공간이 없으면 진정한 '나'를 살피기 어렵다.

경계의 기준선은 인간관계에서 매우 중요하다. 그러나 가정에서는 어른 말을 들어야 한다는 논리로 그 기준선을 무시한다. 그래서 아이들은 자신의 경계를 세우지 못해 듣지 않고, 보지 않고, 말하지 않는 방식으로 그 경계를 확보한다. 부모는 이를 반항이라 여기는데 이것은 아이를 독립된 인격체로 대하지 못하는 데서 오는 발상이다.

경계의 반대편은 친밀감이 아니라 공생이다. 친밀함이 독립적인 사람들 간의 융합이라면 공생은 양자의 차이를 소멸시켜 하나의 사람이 되는 것을 의미한다. 따라서 공생은 네가 나의 일부이므로 이념이나 관점, 생각까지 같아야 한다고 요구한다. 그 어떤 차이나 경계도 인정하지 않는다. 그러나 인간관계에서 경계나 차이는 필수로 동반된다는 사실을 분명하게 인식해야 한다. 이 경계가 서로의 존중으로 이어진다.

자기만의
공간을 확보하라

때로 탈출도 매우 중요하다. 탈출은 물리적 공간을 이용할 수도 있고 심리적 해방을 의미하기도 한다. 그리스가 최초로 민주주의 과정을 시작한 원인 중 하나는 쉽게 떠날 수 있는 지리적 특성 때문이었다. 그리스 주변에는 에게해와 많은 섬, 지중해 건너 넓은 지역이 있었다. 그래서 산악 지형인 그리스에서 자기 의지가 실현되지 않으면 삶의 터전을 옮길 수 있었던 것이다. 이는 그리스인들이 자기 생각이나 의사를 자유롭게 표현하도록 심리적 안정을 주었고 자기 의지를 꺾지 않아도 되는 동기가 되었다. 즉, 탈출 공간이 마련되면 자기주장을 가감없이 펼칠 수 있으며 결단력 있게 행동할 수 있고 자기 의지를 발현하기 용이하다.

부모는 자녀의 자기 공간 확보를 불안한 시선으로 바라본다. 아직 보호가 필요한 존재로 인식하는데 이는 부모의 노파심일 뿐이다. 이를 위한 훈련이 필요하다. 부모와 자녀 사이에는 개인의 공간이 있을 때 의견 조율이 이루어지기 쉽다. 밀착된 관계는 의존도만 높일 뿐 일방적 제시나 견해만 공급될 뿐이다.

현대 사회는 과학 문명의 발달로 아이들의 사회 참여나 의식이 현저히 높아졌다. 청소년기를 기점으로 자신만의 영역을 확보하며 자기 논리를 펼치며 주장을 확신한다. 이에 부모의 심한 요구와 강요나 압박이 있다면 거리를 두고 자기만의 공간에서 생각을 정리해야 한다. 이것이 문제 해결을 돕는다. 사회 관계에서도 마찬가지다. 압박과 강제가 뒤따르는 상황이 발생한다면 경각심을 잃지 않고 자신을 잘 보호해야 한다. 대피 공간이 마련되어 있다면 그 안에서 자유를 잘 활용해라. 육체적인 자유조차 누리지 못한다면 독립된 자아라 할 수 없다. 다채롭고 광활한 세계가 우리를 기다리고 있다. 그런데 망설일 이유가 있는가?

부부 사이에
누가 중심이 되어야 하는가

'결혼'으로 새롭게 형성된 가정과 가족관계에는 사랑하는 연인 관계에서는 예상치 못한 난제가 등장한다. 서로 다른 환경에서 자라 가치관이 다르기에 잦은 갈등이 유발된다. 특히 남편과 아내 모두 사회생활을 하는 경우 가정 내에서 일어나는 대소사나 집안일의 분담은 마찰을 빚는 폭발력을 가지고 있다. 여기에 집안의 어른들이 개입되면 갈등의 폭은 커지고 돌이킬 수 없는 상황으로 확대되기도 한다.

부부 문제는 부부가 해결해야 하는 게 맞다. 하지만 부부 중 남편이든 아내든 이 문제를 감당하지 못하는 경우가 있다. 특히 상대적으로 낮은 자존감을 가진 한쪽이 열등의식을 가지고 있다면 갈등의 폭은 깊어진다. 이때는 갈등의 원인을 해결하기 전에 열등의식을 갖게 된 배경이나 이유부터 확인하고 개선해나가야 한다. 그렇지 않고서는 절대로 문제가 해결되지 않는다.

낮은 자존감이 부부간의 상대적 결핍에서 오는 것인지, 사회적 활동에서 오는지 아니면 심리요인인지 알아볼 필요가 있다. 내면에 외로움이 쌓이기 전에 그리고 소통이 안 되는 문제가 발생하기 전에 부정적인 생각의 사슬을 끊는 것이 선행되어야 한다. 이는 연애할 때와는 다른 감정이다. 같은 공간에서 일상을 공유하면서 드러나는 점이기에 한 사람의 문제로 치부해서는 안 된다.

관계 차원의 인식을 발전시키지 못하고 나르시시즘의 차원에 머물러 있으면 외롭다는 느낌만으로도 권력 규칙을 이용해 자신을 보호하는 조치를 취한다. 상대의 말에 무조건 반대하고 부정적 견해를 제시한다. 무시하거나 강압적 태도를 취하는 것 역시 자신을 보호하려는 나르시시즘에서 나온 행동이다. 상대를 불신하거나 무관심한 태도 또한 이런 양상에서 발현된 모습이다.

가정의 가장 이상적인 상태는 부부관계가 집안 핵심이 되는 것이다. 자신만 핵심이 되면 배우자와 가정의 균형이 깨지기 쉽다. 낮은 자존감은 부부가 함께 회복해야 하는 둘의 문제로 봐야 한다. 부부관계에 심각한 불균형이나 적대감이 생기면 개인의 자아는 쉽게 찢어진다.

사랑 더하기 외로움

무조건적 사랑은 없다. 자기 소멸적 사랑은 사랑이 아님을 기억해야 한다. 사랑하면서 외로움을 선물처럼 껴안는다면 사랑이 유지되고 있더라도 행복은 사라진다. 상대에게 맞추기만 하는 사랑은 오래 가지 못한다. 사랑하기 이전에 사랑에 관한 자기 관점을 먼저 정리해보자.

사랑은 의도적으로 접근해서 오는 것이 아니다.

"거절은 어떻게 하는 것인가? 적의 없이 단호하게!"

"사랑은 어떻게 하는 것인가? 유혹 없이 애정이 넘치게!"

심리학자 코후트는 관계에 필수적인 두 개념을 강조한다. 전자는 내가 너를 단호하게 거절하지만 적의는 없으며 네가 잘못되었다고 하지도 않겠다는 의미이다. 후자는 너를 사랑한다면 무조건적 사랑을 할 것이며, 나를 필요하도록 유혹하지도 않는다는 뜻이다.

'적의'와 '유혹'은 상대를 뒷걸음치게 만드는 행위이다. 이에 대한 대표적인 심리는 '불만을 가진 망설임'과 '애정 없는 유혹'

이다. 상대가 무엇을 어떻게 하든 다 내 마음에 들지 않으며, 그럼 뭘 어떻게 해야 하는지 조언을 구해도 의견을 주고 싶지도 않다는 마음이다. 그러고는 상대방이 알아서 자신을 사랑해주기 바라고 다가와 주기를 바라는 상황을 가리킨다.

연인은 유혹의 욕망을 키우기 위해 상대를 자극한다. 자신의 기대에 맞춰 유혹하고 상대는 진심 어린 애정을 쏟기보다는 그저 연인의 관심과 인정을 받기 위해 비위를 맞춘다. 하지만 이렇게 이뤄진 연인관계는 불안하다. 상대는 연인의 관심과 인정을 받았다는 것에 기뻐하지만 동시에 상실감과 허탈함을 느끼게 된다. 자신의 진정한 마음은 전혀 통하지 않았고 자기 의지를 표현조차 못했다는 자괴감이 생기는 것이다. 이는 결국 사랑에는 그 어떤 진심도 통하지 않는다는 그릇된 생각을 키운다.

유혹과 애정은 엄연히 다르다. 그럼에도 유혹이 마치 애정인 것처럼 거짓된 가면을 쓴다. 단언컨대 애정은 유혹으로 생겨날 수 없다. 어떤 감정이든 마음에서 우러나오지 않고 유혹에 의한 감정이라면 이것은 일종의 유희나 희롱에 불과하다.

인간 감정에서 '자발성'은 유일무이한 존재이다. 감정은 어떤 목적을 위해 생겨난 것이 아니라 자연스럽게 상황이나 느낌에 동화되어 표출되는 심리작용이다. 마틴 부버가 말했듯 "너와 나의 관계에는 한 가지 전제가 존재한다. 그것은 바로 상대방을 자신의 목표를 달성하기 위한 도구로 여기지 않다는 것이다."라는 점을 각인하자. 심리 법칙을 이용해 의도적으로 상대의 특별한 감정을 억지로 끌어내리려 해서는 안 된다. 이는 감정에 대한 모독이다.

사랑이라는 감정에 놀아나지 마라

고의로 자신의 비참한 상황을 드러내 타인의 동정심을 구하는 사람들이 있다. 이들은 행복과 기쁨을 이야기하지 않고 한 사람의 노력, 희생, 고통을 끊임없이 강조한다. “난, 너무 불쌍해.”라고 말하면서 자신의 춥고 배고픈 상황을 털어놓는다. 그들은 자신의 불쌍함과 참담함을 알아주라고 호소하며 애정과 관심을 바란다.

이런 유형은 이성을 위해 희생하기를 즐기며 도덕적 우월감을 차지한다. 도덕적 우월감을 지니고 보답을 요구한다. 보답은 친밀감일 수도 있고, 자신에 대한 인정, 또는 자신을 부정하지 말라는 내용일 수 있다. 최악일 경우 무조건적인 순종을 요구한다. 또한 이들은 다른 사람과의 관계에서 생긴 문제는 모두 상대방의 욕심으로 인해 야기된 것이라고 단정 짓는다. 절대 자신의 부족한 점이나 못난 모습으로 해석하지 않는다.

괴로운 심정을 연출하는 것에 빠진 사람은 행복하기 어렵다. 이들은 "나는 너보다 강하다."라는 말보다 "나는 너보다 좋은 사람이다."라는 것에 집착하며 이에 대한 보상을 요구한다. 자신이 극적으로 연출한 괴로움을 자신과 상대방뿐만 아니라 제삼의 관객에게도 보여주고자 한다.

환상으로 부푼 사랑은 터지게 마련이다

한 사람이 가진 좋은 조건이 그를 좋아하게 만들 순 있지만, 감정의 깊이는 결국 친밀도에 달려 있다. 따라서 친밀한 관계를 경계하는 사람은 자신의 조건이 아무리 좋아도 만족스러운 연인관계로 발전되기가 어렵다.

많은 사람에게 사랑을 물으면 동시에 이별을 떠올리기도 한다. 사랑이라는 감정이 깨어나기 전에 절망을 준비하며 자신을 보호하려는 것이다. 이들에게 사랑은 약자가 되는 것으로 자신의 약한 자아를 손상시킬 수 있다고 생각한다. 따라서 자아의 완전성을 보호하기 위해 사랑을 선택하지 않으며 자아가 파괴되는 느낌을 피하고자 한다. 그로 인해 폐쇄적인 세계에 머물며, 뇌파에서 보내는 사랑의 메시지를 거부한다. 이런 사람은 내면에 사랑이 부족하고 사랑에 따르는 상처를 견디는 능력도 부족하다.

진정한 사랑의 관계를 이루지 못하면 자기 생각의 범주 안에서 관계를 구축할 수밖에 없다. 그런데 이성적으로 이루어진 관계는 거리감을 초래할 수 있다. 자신은 좋은 사람이고 상대방은 나쁜 사람이거나, 자신은 나쁜 사람이고 상대방은 좋은 사람이라는 대립방식으로 관계를 이끈다. 이는 자신이 상대방으로부터 '오염'되는 것을 두려워하는 것과 자신이 상대방에게 '오염'을 일으킬까 두려워하는 것에 있다. 사랑의 관계가 깊어짐에 따라 좋고 나쁨도 점차 융합되지만 사랑이 시작되는 단계나 진정한 사랑이 이루어지지 않은 상황에서는 이 거리감이 좁혀지지 않는다.

새로 사귄 친구와 함께 있을 때를 떠올려 보자. 겉으로는 편해 보이지만, 사실 좋은 모습만 보여주려 하다 보니 자신을 완전히 내려놓지 못한다. 특히 자신의 어두운 면과 고통은 숨기려 한다. 그러나 사랑이라는 감정은 어두움과 고통을 포함해 자신의 모든 것을 상대방에게 보여주려는 강한 동기를 유발한다. 둘 사이에 싹튼 온정으로 서로의 어두움을 수용해야 진정한 사랑이 움튼다. 그러나 이는 가장 어려운 연애 과제다.

사랑하지만 상대는 전능한 신이 아니다

'소울 메이트'는 영혼의 동반자이다. 인생에서 만날 수 있으면 행운이고 만날 수 없으면 운명이 되는 존재이다. 그러나 '네가 존재해야 나의 존재가 의미 있다'라는 관계는 한 사람의 인생에서 쉽게 이루어지지 않는 것으로 '인생 파트너'는 너와 내가 함께 존재하고, 함께 걷는 의미이다.

연인관계에서 상대가 자신의 욕구를 충족시켜줄수록 그를 잃을 수도 있다는 불안을 느낀다. 마음의 문을 열기 시작하는 단계라면 더더욱 좋아하는 감정이 앞서 우려가 생긴다. 매사에 초조하게 대응하며 자신의 입지를 흔들기 때문이다. 상대에게 집중하기 시작하면서 집착의 단계로 넘어가기도 한다. 그러나 서로 마음의 문을 완전히 열 경우 '너와 나'라는 관계가 밀착되기 때문에 영원한 존재로 남을 수 있다.

아이의 심리에서 벗어나지 못한 이들은 연애 감정에서도 '엄마'를 찾는 성인이 있다. 이럴 때는 슈퍼 엄마 역할을 하며 아이를 키우듯 연인을 챙겨야 한다. 이러한 돌봄을 기꺼이 한다면 이 사랑은 낭만적일 수 있다. 하지만 결국 슈퍼 엄마는 지칠 것이고 보살핌을 받은 사람의 인격은 전면적으로 위축될 것이다.

이성 관계나 사랑에 있어서 상대가 자신을 돌봐주기를 원하지만 상대가 엄마의 역할을 온전히 수행하기란 힘들다. 어느 상담자는 남자친구가 엄마처럼 자신을 돌봐주지만 자신은 그저 남자친구를 갖고 싶다고 했다. 자기를 아이처럼 세심하게 보살피고 신처럼 숭배하는 이성 친구를 원한다면 이는 내면에 잠재된 아이의 원시적 갈망이라는 것을 스스로 인지해야 한다.

자기 소멸은
사랑이 아니다

우리는 좋아하는 사람의 요구라면 주저없이 자신을 변화시킨다. 특히 사랑하고 있다면 "네가 이렇게 해줬으면 좋겠어."라는 이야기에 상대가 원하는 방향으로 자신을 탈바꿈하려 든다. 그 결과로 상대방의 환심을 살 수 있다고 믿는다. 그러나 역설적이게도 너무 쉽게 변화되면 상대는 오히려 흥미를 잃는다. 다름이 주는 매력이 사라지고 개성이 소멸되어 자신에게 자극이 되지 않기 때문이다. 이런 현상은 결혼 생활에서 매우 흔하게 나타난다.

부부관계에서 자기중심적인 두 사람이 잘 융합되려면 한 사람이 자기를 소멸시켜 상대의 요구에 전적으로 맞춰야 한다. 그러나 이는 한 사람의 신체, 심리 심지어 외적 커리어까지 점점 소멸되는 결과를 초래할 수 있다. 그러면서 부부 중 한 사람 혹은 두 사람 모두 불만이 쌓일 수밖에 없다.

결혼 생활을 시작하면 부부는 서로 융합되기를 원한다. 하지만 일상에서 마찰이 생기고 의견 다툼이 일어난다. 서로 사랑하지만 각자 자기중심적 의식의 작용에서는 서로를 매우 까다로운 존재로 인식한다. 그리고 서서히 맞춰가며 상대의 장단점을 인정하게 된다. 여기에서 결혼 생활의 안정이 찾아온다. 중요한 것은 우리는 반드시 자신에게 충실해야 한다. 상대의 요구를 지나치게 만족시키는 것은 사랑이 아니다.

어느 부인이 "결혼 생활에서 노력 없이 보낸 적이 하루도 없다."라고 말했다. 처음에는 남편에게 잘하려고 애썼고, 관계에 문제가 생긴 후에는 자신을 바꿔 남편에게 맞추려 노력했다는 것이다. 그러나 서로의 관계는 점점 더 멀어지기만 했다. 무엇이 문제였을까. 부인이 노력한 부분을 살펴보자.

"내가 얼마나 좋은 사람인지를 너에게 잘해주는 것을 통해 보여줄게." "너는 내가 좋다는 것을 인정해야 하고 인정하지 않으면 나는 불만족할 것이다."라는 심리에 남편은 압제되어 있었다. 그 결과 남편은 불만을 표출하지 못하고 도덕적 납치를 당했다고 느겼다.

사랑에서 "내가 좋다고 했으니 너도 내가 좋다는 것을 나에게 증명해줘야 한다. 그렇지 않으면 나는 실망하고 너는 나쁜 사람이 된다."라는 심리는 매우 위험하다.

이와 반대로 "나를 좋아한다는 사실을 증명받을 필요가 없다. 그러니 좋아한다는 말을 기대하지 않고 너를 통제하지도 않는다.", "나에게 안 좋은 점이 있다는 사실을 인정한다. 그러니 무조건 나를 좋아하는 척하지 않아도 된다."라는 대처는 서로에게 안정감을 준다.

사랑에 너무 애쓰면 오히려 스트레스로 이어진다. 두 사람 모두 불편을 느끼고, 그중 한 명은 자신의 감정이 억압된다고 느낄 수 있다. 자신을 억누르며 상대에게 애쓰는 노력은 사랑에 인위적인 느낌만 줄 뿐이다. 자발적이고 자연스러운 자기감정이 아니기에 진실하지 않은 것이다. 자신의 나쁜 점을 감추고 좋은 것만 보여주며 이루어내는 사랑은 좋은 결과로 이어지지 못한다.

상대에게 자신이 좋은 사람인지 입증받으려 하지 말자. 온전히 좋은 사람은 존재하지 않는다. 신이라도 불가능한 일이다. 그러므로 스스로 자신의 진정한 모습을 사랑하고 받아들일 때 상대는 그 모습을 사랑하게 된다. 자연스럽게 불러온 사랑이 스트레스에서 해방시켜준다. 더 간단하게 말하자면 본성 자체가 답이고, 삶 자체에 답이 있다.

일반적으로 연애할 때 상대를 자신의 아빠 엄마와 비슷한 사람이라고 생각하기도 한다. 어린 시절 부모에 대한 실망으로 닫힌 욕망과 목소리를 끌어내, 마음의 문을 다시 열고 새로운 환생으로 구원을 받으려는 심리작용이다. 그래서 "제발 내 가치를 확인해줘."라는 이 갈망이 이루어지지 않으면 다시 상처받고 마음을 닫는다.

안타깝지만 이 문제의 핵심은 자기 존재를 확인받지 못한 데 있는 게 아니다. 어린 시절 관심받지 못함으로 인한 자기 비하에 원인이 있다. 이를 정확하게 보고 문제와 상황에 직면해야 자가 치유가 이루어진다.

순종에서
사랑의 해답을 찾지 마라

순종의 철학은 해롭다. 어린 시절 형성된 순종 철학은 결혼 관계까지 확장되기도 한다. 친밀관계에서는 매우 전투적이며 작은 일에도 강한 분노를 일으킨다. 이들은 도대체 무엇을 원하는 것일까? 간단하다. 상대방의 순종이다. 구체적으로 상대방이 자신의 나르시시즘에 도전해서는 안 되며 요구에 충분히 맞춰주기를 바란다. 이들의 나르시시즘은 연약한 자격지심이기에 도전을 받으면 무자비하게 상대방을 공격한다.

결혼에 실패한 사람 중에는 재혼 시 자신이 어떤 사람을 원하는지 깨닫고 성격이 좋은(통제가 쉬운) 사람을 찾는다. 처음 연애할 때는 조건이 좋고, 훌륭하고, 멋진 인생을 즐기는 사람에게 끌린다. 그러나 이런 사람들은 보통 개성이 강하다. 타고난 성격이 아니어도 좋은 조건에서 살다 보면 개성이 생길 가능성이 크다. 사회적 조건과 위치, 상황이 그들을 뒷받침하고 주변에서도 인정하는 실력까지 갖추고 있기 때문이다. 동시에 나르시시즘이 강한 사람이라면 자신의 문제를 외면하고 변화시키려 하지도 않는다. 따라서 모든 조건이 잘 갖춰진 상대를 만나면 일정 부분 자기희생이 수반되어야 하기에 상처받는 일이 발생한다.

우리는 상처를 받은 후에야 자신의 마음을 들여다본다. 자신을 인정하고 응원해주는 사람과 함께하며 같은 것을 보고 함께 웃을 수 있는 사람이 가장 좋은 사람이라는 진리를 터득하는 것이다.

멋진 삶을 사는 사람을 찾고 싶다면 자신도 멋진 삶을 살아야 한다. 어떤 사람은 나르시시즘만 가지고 있을 뿐 이를 뒷받침해주는 자본은 없다. 이런 사람은 상대적으로 낮은 수준의 자아 가치관을 유지한다. 이런 식으로 인생을 유지하는 것도 나름의 삶의 방식이지만, 이런 인생은 사랑과 인연이 이어지지 않을 수 있다.

사소한 잘못에 사랑의 가치를 논하지 말자. 사랑하는 사이에는 모든 일이 사랑의 위대함이나 아름다움과 관련된 것처럼 보인다.

하지만 자세히 보면 자신에게 종속시키려는 주도권 다툼이다. 더 깊은 논리는 내 생각을 따라줘야 내가 옳다는 것이 증명되고, 내 생각에 반응하지 않으면 내가 틀렸다는 결론에 이르는 심리적 강박이다. 그로 인해 '내가 옳다'는 변호를 위해 자신의 의지를 다른 사람에게 강요한다.

상대에게 사랑받고 있지 못한다는 자괴감에 눌린 사람은 사랑하는 사람 앞에서 항상 '너는 나를 사랑하지 않는다'라는 절망감에 사로잡힌다. 그리고 상대에게 이 절망을 전가시켜 괴로움을 주기도 한다. 이러한 관계에서는 먼저 자기 내면의 절망을 포용하고 관찰해야 한다. 절망의 이면에는 사랑을 구하는 강한 열망이 숨어 있다. '너는 나를 사랑해야 한다. 그러나 네가 어떻게 사랑하든 나는 그게 진심인지 믿을 수 없다. 그러니 제발 사랑을 확신할 수 있도록 증명해줘'라는 요구이다. 이는 어린아이의 원시적 욕망과 같다. 이 욕망을 다스려야 진정한 사랑의 문이 열린다.

매력은 반대에서 나오고
끌림은 확고함에서 나온다

카를 융은 극도의 상반되는 동반자를 '아니마'와 '아니무스'의 관계로 보았다. 자기 자신과 그 그림자가 만난다는 의미이다. 그래서인가. 불평하지 않는 사람은 화가 많은 배우자를 만난다. 단순한 사람은 속이 깊은 사람과 사랑에 빠진다. 결혼과 연애에서 이런 조합을 흔히 볼 수 있다. 화를 잘 내지 않는 사람은 화가 많은 파트너를 통해 억눌린 분노의 해소를 맛본다. 자신이 화를 내거나 분노하면 죄책감을 느끼기에 감정의 표출을 자제하는데 누군가 이에 대해 강력하게 항의해준다면 해결이 되기 때문이다.

배우자를 화풀이 대상으로 여기기도 한다. 다른 이유로 화가

난 상태인데 마침 배우자가 기대에 부응하지 못하면 모든 것이 뒤집힐 정도로 화를 낸다. 그러면서도 이 분노의 원인이 깊은 결핍감에서 왔다는 사실을 알지 못한다. 타인에게 제대로 분노하지 못했다는 무력감이 결핍을 가져오고 사랑하니까 이해해줄 것 같은 배우자에게 분노를 쏟아내는 것이다. 분노를 통해 무력감을 숨기고 힘을 보여주려는 것이다.

이는 유아기에 생성된 감정이다. 아기는 엄마와 세상이 하나라고 생각하며 자신이 전능하다고 여긴다. 모든 필요는 바로 충족되어야 하고 만족되지 않으면 분노한다. 인간은 모두 이런 단계를 거쳤으므로 만족을 충족하려는 욕구가 있다. 그러다 성장 단계에 따라 자신과 엄마가 하나가 아니라 각각 독립적인 존재이고 세상도 자신을 중심으로 돌아가는 것이 아니라는 것을 깨닫는다. 하지만 유아기 때 충분한 만족을 경험해야 욕구가 충족되지 않을 때를 견딜 수 있다. 주변 사람들이 자신의 만족감을 채워줄 의무는 없다. 충분한 만족을 경험했다면 좌절을 이겨낼 힘도 그만큼 강해진다.

남녀관계에서 상대는 무조건적 포용을 요구하는데 이를 맞춰주기 시작하면 상대는 수용의 한도를 더 높이고 넓힌다. 그러면서도 고마움을 모르고 오히려 무시하고 지배하려 든다. 무조건 자신을 포용해주기를 바라는 사람은 자신의 전능한 나르시시즘에 직면해 있다. 따라서 자신을 바로 인지해야 관계가 유지된다. 부드러우면서 확고한 태도를 유지하고 원칙을 지키면서 예리하고 충분한 의사소통을 진행해야 한다. 상대방을 이해하고 단정 지어서는 안 된다. 포용을 갈구하는 사람은 반성보다 먼저 자신이 왜 이런 사람이 되었는지를 되돌아봐야 한다.

친밀관계에서 애정을 표현했음에도 상대가 적대적이거나 무시하는 모습을 보이면 사랑이 급냉각된다. 부부관계에 심각한 문제가 발생하면 사랑하는 사이이면서도 화를 내어 상처를 입히거나

모진 말로 고통을 가중시킨다. 이때 상대의 적의와 무시를 느끼면서도 이해하며 애정 표현을 하는 사람이라면 그의 감성지수는 매우 높은 수준이다. 이 정도까지는 이르지 못하더라도 자신의 무기력과 연약함을 인식한다면 자기감정에 휩쓸리지 않도록 분노를 조절하면서 선의를 전달하는 노력은 해야 한다.

남녀관계나 부부관계가 끝날 때는 절망스럽더라도 이별을 받아들이고 재산 문제를 합리적으로 처리하는 것이 성숙한 행동이다. 이 감정을 수용하지 못하면 상대를 박해자로 자신을 피해자로 단정하고 편집증적인 증상을 보일 수 있다. 이런 편집증에 사로잡힐수록 분출되는 공격성이 강해진다. 그 결과 본인 스스로 가해자가 되기도 한다.

사랑을 내세워
옳고 그름을 따지지 마라

옳고 그름을 가르는 일은 사랑을 파괴한다. 이성 간의 옳고 그름을 따지는 것은 연약한 나르시시즘을 보호하기 위함이다. 상대방이 틀리면, 내가 옳다는 것이 증명되기에 상대방의 사소한 실수도 용인하지 못한다. 이치를 따져 상대의 사과나 반성을 받아내야 직성이 풀린다. 하지만 이는 상대방의 나르시시즘을 크게 손상시킬 수 있다. 이런 일이 반복되고 오랜 시간에 걸쳐 쌓이면 상대도 견딜 수 없게 된다.

옳고 그름을 가리는 사람들의 가장 큰 착각은 '내가 옳으니 모두 내 통제하에 있어야 한다'라는 믿음이다. 이는 사랑하는 서로를 피폐하게 만드는 일이다. 옳고 그름만 따질 것이 아니라 감정을 표현하는 법을 배워야 한다.

옳고 그름을 가리는 사고방식이 관계에서 강하게 표출되면 상대는 강압을 느끼고 벗어나려 한다. 그동안의 관계에 종지부를 찍고 다른 방식으로 살고 싶어 한다. 한계에 이르러서는 어떻게든 이 순간을 타파하여 자신이 원하는 삶을 살려는 의지를 보인다. 하지만 그가 진정한 자아를 찾지 못하면 불행히도 이들은 같은 방식을 이용하는 다른 이에게 빠져든다. 자신이 다른 무기를 소유하지 못했음을 알고 무의식적으로 같은 방법을 활용해 같은 게임에 임하는 것이다.

사랑하든 헤어지든 모두 자신의 영혼을 찾기 위한 작업이라고 한다. 상대가 찾아주는 영혼이 자신의 것일 리 없다. 사랑에 적극적으로 관여해 자신의 영혼을 찾고 행복을 누려야 한다.

사랑하기는 쉽지만
함께 지내기는 어렵다

끔찍한 사랑과 증오는 '너는 내 것이니 최선을 다해 잘해주겠다. 너는 내 것이므로 나는 너를 내 마음대로 할 수 있다. 그러나 네가 나를 떠난다면 어떠한 수단과 방법도 가리지 않겠다'라는 논리를 관계에 적용한다. 나르시시즘에서 태동한 이런 인식은 집착을 불러오며 서로를 만신창이가 되도록 만든다. 다만, 상대 감정에 대한 민감도가 높으면 불만이 쌓이기 전에 상대에게 신뢰를 주어 자기를 보호할 수 있다. 그러나 감정 파악에 둔감해 상대방의 적의와 불만을 해소해주지 못하면 비참한 결과가 맞게 된다.

인간성은 복잡하고 그에 따른 감정도 복잡하다. 복잡함을 해결

하는 방식에는 두 가지가 있다. 하나는 특정 집단(여성 등)에 대한 증오와 억압을 동반한 간단하고, 경직되고, 폐쇄적인 방법이다. 다른 하나는 평등과 사랑하는 법을 배워야 하는 포용적이고, 유동적이고, 개방적인 방식이다. 극단적으로 이분화한 점은 인정하지만, 현실에서 사람의 감정이 양분된다는 사실도 우리는 받아들여야 한다.

사랑하는 과정에서는 감정을 배우며 실수도 하게 마련이다. 때로 사랑을 갈망하며 상대의 감정을 자극하는 잘못을 범하기도 한다. 고의로 피해주려는 것이 아니라면, 이런 행위를 이해해주어야 한다. 사랑에 서툴고 시작하는 단계에서 자기감정이 앞서기에 자행되는 시행착오이다. 사랑은 거울이다. 사랑하는 상대를 보면 자신이 보인다. 상대를 대하는 태도가 자신을 대하는 태도가 된다.

사랑에는 두 사람의 노력과 진심이 투자되어야 한다. 그러나 많은 사람은 자신이 사랑을 위해 노력과 진심을 보이기보다 감정의 흐름이 '맞는 사람'을 찾았는지를 먼저 따지고 든다. 서로에 대해 알지 못하는데 상대와 맞지 않으면 소통할 필요가 없고, 맞춰갈 필요도 없이 다른 사람으로 바꾸면 된다고 판단한다. 이로 인해 사랑에 깊이가 더해지지 않으며 즉흥적인 감정에 사로잡히게 된다.

첫눈에 반하기는 쉬운 일이지만 관계를 잘 유지해 나가기는 쉬운 일이 아니다. 사랑 초기에는 깊은 애정이 생기기는 어렵다. 영혼에서 우러나오는 애정을 나누기를 원한다면 자신에게 "나는 나 자신을 잘 알고 있는가? 진정한 자아를 찾았는가?"라고 물어보자. 자신을 알지 못하는 상태라면 감정적인 사랑에 집착하기 쉽다.

다리를 움직이지 않고는 좁은 도랑도 건널 수 없다.
소원과 목적은 있되 노력이 따르지 않으면, 아무리 환경이 좋아도 소용이 없다.
비록 재주가 뛰어나지 못하더라도 꾸준히 노력하는 사람은
반드시 성공을 거두게 된다.

알랭

대개 행복하게 지내는 사람은 노력가이다.
게으름뱅이가 행복하게 사는 것을 보았는가! 노력의 결과로써 오는
어떤 성과의 기쁨 없이는 누구도 참된 행복을 누릴 수 없기 때문이다.
수확의 기쁨은 그 흘린 땀에 정비례하는 것이다.

블레이크